クリエイティブな校長になろう

新学習指導要領を実現する校長のマネジメント

平川理恵
横浜市立中川西中学校長

教育開発研究所

まえがき
——主体的な子どもを育てるためには、まず学校が主体的になる

質問。「今のままでいいのか？」

まず、あなたに問いたい。そもそも「今の日本の学校のままでいい」と思っているのか？　誰がどう言うとか、まわりはどう思うかは、関係ない。あなた自身がどう思うか、だ。

将来、技術革新の影響により、今後10〜20年程度で半数の仕事が自動化されたり、現在の小・中学生の65％が今存在していない職業に就いたりする……等の未来予測を考慮したとき、今のあなたの学校の教育がそれに即した形になっていると思うか？　違うと思うのなら、何が違うのか？　どこを一番改善すべきなのか？

個々の管理職が、個々の学校もしくは児童・生徒の実態に合わせ、具体的かつ強烈に感じ、そして改善に向けた実行へと移していかなければ、何もよくはならない。何より、自分が「よくない」と思っている教育を受けている今の子どもたちに申し訳ない、と思わないか。子どもの1年は戻ってこないのだ。教育の基本は家庭と言われているが、彼らの未

来の半分は学校にかかっていないか？

今、管理職として「違う」と思った点を改善するのに、水戸黄門の印籠のように使えるのが「教育改革」である。なぜなら、２０２０年の次期学習指導要領完全実施時には、「変わっていなければならない」からである。それまでに、各学校において教育課程の再編成に向けたカリキュラム・マネジメントづくり、各教科・領域の指導方法・評価方法の改善、学校行事の精選等をやっておきましょう――というのが新しい学習指導要領の趣旨である。

学校だけでは解決できない

新学習指導要領では、「社会に開かれた教育課程」「主体的・対話的で深い学び」「チーム学校」等がキーワードになってくる。しかし、いまだ「自分で何とかする」「自分たちだけで解決しよう」としている時代錯誤な人たちもいる。

ビジネスの世界でも、オープンソースと言って、昔は社外秘であったコンピュータのプログラムをオープンにし、心ある人に直してもらったり開発してもらったりして「助け合う」というように変わっている。日本企業は海外に比べていまだ自前主義、「自社だけで何とか開発しよう」という古い考えの会社もあるが、今やシェアリング・エコノミーなども出現しているくらいだ。「独り占め」「非協力的」はよくないのだ。

学校のよい部分、悪い部分をすべてつまびらかにして、地域や保護者、また広く世の中に力を貸してもらう。また、民主的に話し合う。それが、コミュニティ・スクールにもつながってくるのではないだろうか。学校は子どもの教育という概念だけではなく、大人も巻き込んだ生涯教育の要素を入れていくことも大切である。それがリカレント教育になる。

人生100年時代は、大人も子どもも学校を基点として学び続けるのだ。

教育の未来像をイメージする

さまざまな意見があるだろうが、現在、世界ではオランダ、スコットランド、デンマーク、フィンランドなどの教育が進んでいると言われている。すでに、「Well-being＝ウェルビーイング」（子どもの幸福な状態、心も身体も健康な状態）と「学力」から考えた教育施策を打ち出している。学力が上がっても、子どもの健康や幸福感がないのであれば、教育の意味はあるのだろうか？

未来の教育の姿を知るために、まるでタイムマシンに乗って未来像を見せてくれるようなビデオがある。工業化時代の象徴であり、今なお世界中で続いている画一一斉授業をやめ、アダプティブラーニングに移行したオランダのある実践である。

「明日の学校に向かって　オランダ・イエナプラン教育に学ぶ」
（グローバル教育情報センター）
http://geic.jp/articles/infomation/20150213_729

私の前職は留学斡旋会社の社長であり、世界中の学校約500校を見てきた。また、民間人校長として公立中学校にいながらも国内外のさまざまな学校を見に行ったが、3年前に見たこのビデオに衝撃を受けた。そしてすぐさま自腹でオランダに飛び、自分でレンタカーを運転し数校の学校見学を行い、これが日本で実現できるとしたらどんな感じだろうと想いを馳せた。

未来像を教職員と共有し、何ができるかを話し合う

このビデオを見て、「いいね。オランダは……」「しょせん外国の話でしょ」と他人事のようにとらえるだけでは駄目である。児童・生徒に「『主体的・対話的で深い学び』（アクティブ・ラーニング）をしろ」と言っているのだから、「自校に取り入れられるのは何だろう？　取り入れられるとしたら？」と前向きにかつ具体的に考え、教職員と話し合って

いくべきなのである。

中川西中学校でも数年前から教育課程推進委員会を中心にさまざまに話し合い始めた。まずは基本的なことであるが、「学校の主軸は教育課程だ」という確認からである。ゆめゆめ部活動は教育課程ではないということを一言書き加えさせていただく。先生たちには、「授業で勝負！　授業がよくなければ教員の本業を果たしたとは言えない」と、常日ごろから口を酸っぱくして言っている。

そのうえで、「働き方改革」を行う。何かを変えるためには「劣後の優先順位をつける」ことが必要。つまり、やめることを決めなければ新しいことを生み出す時間は捻出できないのだ。

対等な立場での対話がシティズンシップ教育

そもそも、「何のための公教育か？」と問われれば、「シティズンシップ（市民性）を育むため」であると思う。それも子どもだけでなく、大人のシティズンシップを育む必要があるのかもしれない。シティズンシップを育むうえでは、児童・生徒も、保護者も、教員も、地域の人も同じ。どちらが上でどちらが下ということはない。平等に対等に学んで議論していくことが重要だ。

教育改革を伝えるために、学校運営協議会等で校長はじめ学校が一方的に話すだけでなく、皆で学び合うために外部からゲストスピーカーを呼んだり、ＰＴＡでは茶話会等を開いて教育改革の現状を伝えるとともに、保護者からの率直な疑問に率直に答えたりする「学校がよくなるために話し合う場」が必要であろう。学校と家庭が対立構造であったり、陰でこそこそ悪口を言っていたりするようでは、子どものシティズンシップが育まれるどころか、大人の悪い部分をさらけ出しているようなものである。

中川西中学校では、地域学校協働本部を中心に保護者や地域からボランティアの地域コーディネーターを募り、職場体験先の新規開拓やキャリアチャレンジデー（職業講話）の実務をお願いしている。コーディネーターは、打ち合わせの場でさまざまな教育改革の情報を共有することにより、インフルエンサー（影響を与える人）となってほかの保護者や地域に広めてくれるものである。

権威を振りかざさない

大事なことは、権威を振りかざさないことだ。「私は先生（校長）だから、それらしくあらねばならない」と思った瞬間、相手と対等な人間関係を築くのはむずかしくなる。シティズンシップ教育は、人権を基盤とした対等な人間関係のもとで成り立っているものだから、保護者の立場であろうが校長の立場であろうが、「一人の人間としてどうか」という視点が大切だ。そして、「よくするためにはどうしたらいいのか？　何ができるのか？」を対話していく必要がある。

それは、その対話の相手が子どもでも、だ。「子どもは未熟な者だ」と扱った瞬間、上下の立場になる。子どもであっても「仲間市民」として対話すれば驚くほどの力を発揮するという体験をされたことはないだろうか？　相手が誰であっても、権威を振りかざさないことが大事である。

教育改革も同じことが言えるのではないだろうか？　校長が「こうするんだ」と言ったところで、イマドキ「ならば……」と動き出す人も少ないが、だからといって「文部科学省や教育委員会が言った」と権威を振りかざしても、人は頭でわかってもなかなか感情では動けない。人間は感情の動物なのである。

それよりも、目の前の子どもたちのために、または自分の学校の児童・生徒たちのために「このままでは将来困るだろうから」「より個々の児童・生徒の自己実現を支援するには」をベースに話し合っていくしかない。そのうえで、「自分の子どもがこうやられたらどう思うか？」「自分自身が、そう言われたらどう思うか？」と、自分事にとらえられるような質問で切り込んでいくほうが、教育改革はポジティブに進んでいくだろう。

前出のビデオで、イエナプランの創始者であるペーター・ペーターゼンが次のように言っている。

将来、どんな政治的、経済的な状況が生じるか、私たちは誰も知らない。未来は、人々の不満、利益追求、闘争、そして今の私たちには想像のできない新たな経済的、政治的、社会的状況によって決まるだろう。けれども、たった一つ確信をもって言えることがある。すべての厳しく険しい問題は、問題に取り組んでいこうとする人々がいて、彼らにその問題を乗り越えていくだけの能力と覚悟があれば、解決されるだろう、ということを。この人たちは、親切で、友好的で、互いに尊重する心を持ち、人を助ける心構えができており、自分に与えられた課題を一生懸命やろうとする意志を持ち、人の犠牲になる覚悟があり、真摯で、嘘がなく、自己中心的でない人々でなければならない。そして、その人々の中に、不平を述べることなく、ほかの人よりもより一層働く覚悟がある者がいなくてはならないだろう。（1926年著）

私は、こんな人材を育成する教育を目指したい。

目次

1章

学校改善のマネジメント

1 学校経営の基本は、理念(ミッション)と展望・見通し(ビジョン)

「昭和」のままの学校

今、一番の問題意識は、学校は「昭和」の雰囲気のままでいいのか?ということである。「社会と教育は双子」とも言われている。社会で起こっている問題は、必ず教育界でも起こる。大人の問題が子どもにそのまま降りかかってくる。しかも立場が弱い分、もっとキツいかたちで——と言えば共感していただけるだろうか?

20世紀の産業界は指示・命令されたことをきっちり達成することが評価された。上司と部下は主従関係。画一的な仕事に、マニュアルがあり、個人の裁量権はなかった。より早く、より多く、より正確に生産する効率性が求められた。そして、20世紀の学校は、よき産業人を輩出するため、学び手は指導者に教え込まれ、受け身で学んでいた。

現在は21世紀。21世紀は違う、と思いたい。学校はよき産業人を輩出するためだけにあるのではない。

先進国の寿命は100歳を超えると言われている（**資料1**）。日本は先進国のなかでも、より長く生きると言う。60〜70歳が寿命であった時代は、教育→仕事→退職後という3つのステップの生き方であったが、これからは寿命が延びた分、いくつもの仕事をキャリアとして経験しながら、大人になってもリカレント教育として学び続けていく。また、あるときは子育てや介護で仕事をスローダウン。そのつど、次のことをじっくり考える退職インターバル期間があるだろう。その意味では、この3つが入り混じる生き方

資料1

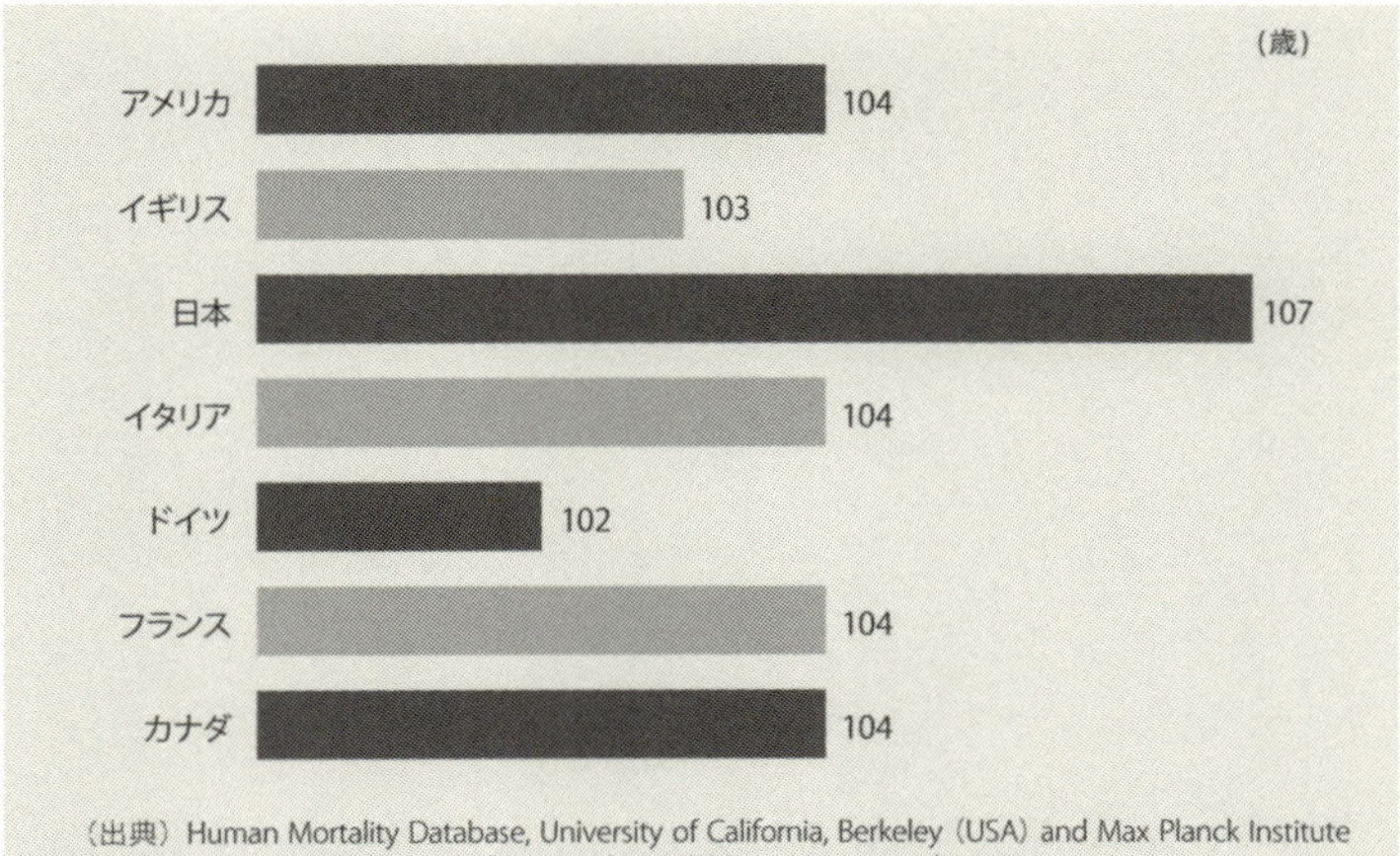

〔出典〕Human Mortality Database, University of California, Berkeley (USA) and Max Planck Institute for Demographic Research (Germany). Available at www.mortality.org

2007年生まれの子どもの半数が到達する年齢（『LIFE SHIFT』第1章より）

が普通となるだろう。

人の生き方が変わると同時に、企業のあり方も変わる。指導者の仕事は「機会」と「環境」をつくることとなり、学び手は主体的に学ぶ。主体性と内省（振り返り、リフレクション）が21世紀型の学びである。企業も学校も、大人も子どもも「学び続ける」のが21世紀なのだ。しかし、現実はどうであろうか？ 企業ですら、いまだ20世紀の手法を使ったマネジメントである。

そして、正直学校はいまだ「昭和」の感が拭い去れない。教職員も児童・生徒も、すでに平成を迎えている自宅と、昭和感いっぱいの学校との「差異」に、違和感を覚えながら毎日生活をしているのではないだろうか？ それとも、「もうこんなもんだ。仕方ない」と慣らされてしまってはいないか？

そのようななかで、今、学校には何が求められているのだろうか？

さしあたり、２０２０年より改訂される学習指導要領の理念＝「社会に開かれた教育課程」に向けて、校長はどう「マネジメント力」を発揮すればよいのだろうか？ また、「教職員組織」をどう構築すれば、教職員を「子どものため」に本気にさせられるであろうか？

大人も子どもも学び続ける組織をどうつくりあげていけるのだろうか？

理念を明確にする

昨今、企業でも理念（ミッション）の時代である。ましてや公立学校という利益を追求していない組織で、理念が明確でなければチーム力は高まりようがないではないか。

校長として、学校教育目標等の理念をわかりやすく端的に表せているだろうか？　再度見直すべきではないだろうか？　長々として覚えられない目標はアウト。誰もが唱えやすく、わかりやすく、覚えやすいものが必要だ。

今までの教育目標があるのに、どのように変えればよいのか？　校長が変わったからと言ってそっくりそのまま変えるには抵抗があるだろう。しかし、全教職員が「本校の教育目標は？」と聞かれてすらりと答えられるだろうか？　それならこのままでもいいかもしれないが、たいていは長くてわかりにくくて覚えられず、「何でしたっけ？　どこかに書いてありますよね」となる。

中川西中学校の教育理念は「自立貢献」。2015年度着任したとき、まず「本校には今までの教育目標がある。しかし、長くてわかりにくくて覚えられない。私自身の教育の柱は自立貢献。この言葉で目標をまとめ、理念とし、学校運営の柱としていきたい」と主任たちの了解を得て、全教職員に向けた初めのあいさつでさっそくそう話した。一人だけ

「納得がいかない」と言った職員がいたので、時間をかけて話した。ご理解いただくには時間がかかったが、必要なプロセスである。

集会や行事等で校長講話の際、また学校だより等でこの「自立貢献」をしつこいくらい伝える。生徒は校内で会うと「自立貢献！」とハイタッチをしてくる。授業観察で出向いた教室では、黒板に「自立貢献」と生徒が書いていた。1年も経たないうちに、生徒・保護者・地域にほぼ100％浸透した。そして、何かあるたびに、この四字熟語の教育理念に沿ってさまざまな決定・判断をさせていただくことにした。

たとえば、教職員が「校長先生、どうしたらいいですか？」と聞いてきた場面では、「中川西中の教育理念は〝自立貢献〟です。先生のご意見をまずお聞かせください。先生はどうしたいですか？　そのうえで私に再度聞きに来てください」と返す。主体的な子どもを育てるためには、主体的な教職員を育てるのが必須ではないだろうか。

「次の校長に申し訳ない。変わったことをしたら次の人が困る」という心配はご無用。そのようなことを言っていたら何もできないし、そもそも校長であるあなたの存在価値がない。マネジメントというものは、会社がそうであるように、学校も1年である程度の効果や変化がないとクビなのだ。なぜなら、子どもの1年は二度と戻ってこないのだから。

今年度がんばることを3つあげよ

「今、自校の経営の優先順位は何か？　3つあげよ」と言われたら、何をあげるであろうか？　「あれも大事、これも大事……」「まだ異動したてだから……」と3つ言えない校長もいるかもしれない。しかし、様子見でいられるほど迷惑な話はない。今すぐ何かの手を打つのが経営者なのだ。

わからないのなら、今いる職員や保護者に「この学校のいいところは何ですか？」「そうでないところは何ですか？」と聞けばよい。中川西中学校に着任したとき、校長・副校長が同時に変わった。着任初日の4月1日、主任・専任に集まってもらい、中川西中のいいところ・そうでないところをじっくりヒアリングした。また、保護者代表としてPTA役員にも同じようにお話をうかがった。

経営とは、「年度末にはここまでもっていく」という想いをもち、そのうえで各学期・各月ごとの計画を立て実行すること。そうすることで初めて経営者の務めを果たせたと言える。自校の強みと弱みを分析したうえで、今年度、いったい何を3つ達成させるのか？　紙に書いて「見える化」することが、学校トップの大切な仕事である。

以上が経営の基本――理念（ミッション）と展望・見通し（ビジョン）のセットである。

ミッションは追い続けるもので、達成することはありえない。ビジョンは日本語に訳すと「目に見えるもの」。ミッションを目に見える戦術や戦略に落とし込んだものである。

②ビジョンをどう実行・実践していくのか？

学校経営には2つの基本がある。理念（ミッション）と展望・見通し（ビジョン）である。その展望をどのように具現化していくか？　人間は易きに流れやすいので、毎日起こる問題をただ「もぐらたたき」するだけになりがちである。

先手必勝！　毎日起こる問題に効率よく対処しながら、校長としてどう「やりたいこと」を実行していけるのだろうか？

副校長（教頭）と今年やることを「見える化」する

副校長（教頭）は同志である。しかも、一番協働していかなければならない人である。その副校長と、まずはなすべきことを「見える化」（可視化）するのがポイントである。副校長と手が組めたら、主任→全体と広げていく。

民間企業では、年度ごとやクオーター（3ヵ月）ごと、1ヵ月ごと、1週間ごとに売上などの数値目標や戦略・戦術面の行動目標を紙に書くなど見える化し、何がどこまで進んだか、進んでいないとしたら何が課題なのかを、プロジェクトごとにチームで確認していくのが通常である。これを「プロジェクトマネジメント」と呼ぶ。その手法で、校長になって8年間、合計4人の副校長とタッグを組んでさまざまなことを進めてきたが、功を奏した要因は、月々の目標決め&前月の振り返りであったと言える。

副校長からも「毎月、何に注力してどうがんばればいいのかわかるので、ありがたい。日常の業務でやるべきことを忘れそうになるときもあるが、これで優先順位を高くして取り組める」と感謝されている。副校長は、校長の経営方針に沿って補佐するのが大きな仕事だが、校長がどこに向かって何をどうしていこうとしているのかがわからなければ、補佐のしようがない。

「うちの副校長は役に立たない」とたまに聞くことがあるが、それは「校長であるあなたが何をやってほしいか言っていないからだ」と感じることもある。児童・生徒にでも何をどうがんばればいいか伝えずに「ダメだ、ダメだ」と言い続けたら、児童・生徒から「先生の指導が悪いんだろ」と言われるのが落ちである。

毎月初めに、校長自らやるべきことを副校長に提示して、「ここがこうできた。ありがとうございます」と感謝の意を表しながら前月・前学期・昨年度を振り返る。そして、「今月ここをこう進めていきたいと思うが、どう協力していただけるか」と働きかける。経営は先手必勝。こちらからさまざまなことを仕掛けていくためには、紙に書いて「見える化」するプロジェクトマネジメントの手法が学校経営においても有効であると考える。

教職員の情報共有方法

中川西中学校は生徒数1千人を超え、教職員も臨任・非常勤を入れると70人近くになる。大きい学校ゆえに情報共有が課題である。着任してすぐ、校長・副校長・教務主任・生徒指導専任・学年主任・特別支援学級担任の8人で「毎朝」ミーティングを行うことをお願いした。8時25分から全体の朝の職員打ち合わせをやるのだが、その前の8時10分に校長室で行う。ここで各学年の生徒指導上の確認や、取り組みの進捗状況などを報告してもらう。急を要する対応等はその場で確認し合う。全体で共有したほうがいいケースは、8時25分からの全体職員打ち合わせで共有する。このほか、月曜の1時間目は道徳の裏時間を活用して、朝と同じ8人のメンバーで1時間のロングミーティングも行っている。

また、中川西中学校の最重要課題は「特別支援教室の充実」としたので、月曜の2時間目には、1時間目から少しメンバーが変わって校長・副校長・専任・特別支援教室専属・

養護教諭・校務分掌の各学年の特別支援担当・スクールカウンセラー等の関係者が集まり、特別支援教育委員会を開催して、週ごとの子どもの様子や進捗状況を確認し合う。

5W1Hの法則を使って、とにかく書く！　読む！が共有方法

70人もの教職員が情報共有するために、朝の全体打ち合わせに加え、それぞれが出勤したら必ず掲示板を使った生徒指導報告・日報を3学年ともに目を通し、確認することを日課としてもらっている。掲示板は、Wordで生徒指導専任が作成した。朝、パソコンを開いたら一番にポップアップする仕組みになっている**（資料2）**。だから「聞いていない。知らない」は、なし。教職員全員が情報を共有し、一枚岩になることが重要である。

日報を見ると、学年ごとの時間割やその日の流れのほか、「気になる子：○年○○○○更新しました」とある。「気になる子」の欄（Excel）を見ると、生徒指導上のことなどが細かく書いてある。

通常、学校は口頭で説明することが多い。教育委員会から「記録をつけるよう」指導されてもほとんど残っていないのが、その証拠である。中川西中学校では、何か起こったら担任に「とにかく書け」と言う。口頭では内容がわからない報告が多いからだ。5W1Hに沿って書かせれば、口頭でもきちんと報告ができるようになる。だらだらと報告の時間

をとらずに、誰もが共有できる。

学校と企業の違いはここだと思う。企業は、とにかく社員に「日報」や「報告書」を書かせる。私も会社に就職したとき、はじめにこの「日報」「報告書」「企画書」の洗礼を受けた。「事実と感想をごちゃ混ぜにして書かない」「文章がわかりにくい」「主語がない」などと先輩から徹底的にしごかれた。

昨今では、そもそもこれができないと就職できないとも聞く。でも大学生はこの報告書

資料2

①掲示板

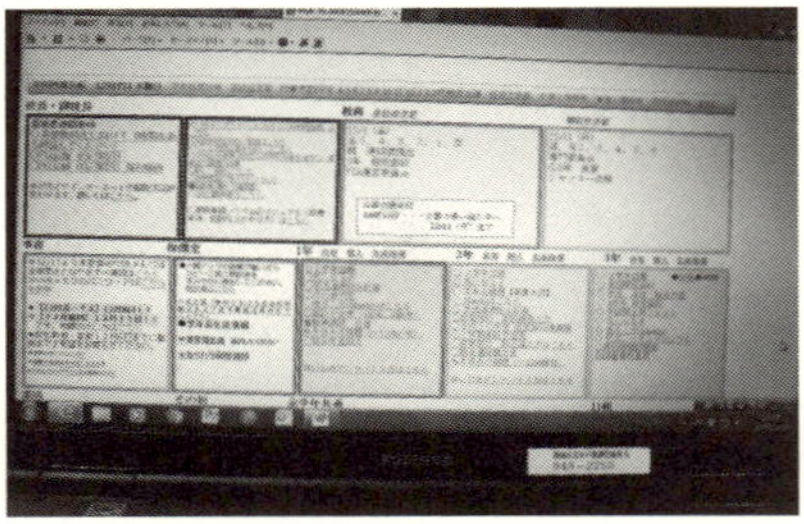

②気になる生徒についての書き込み

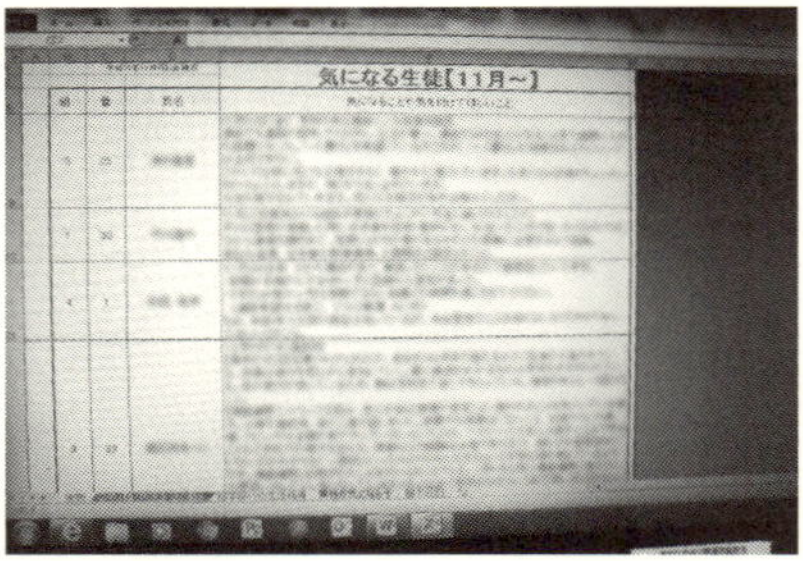

③学年ごとの日報

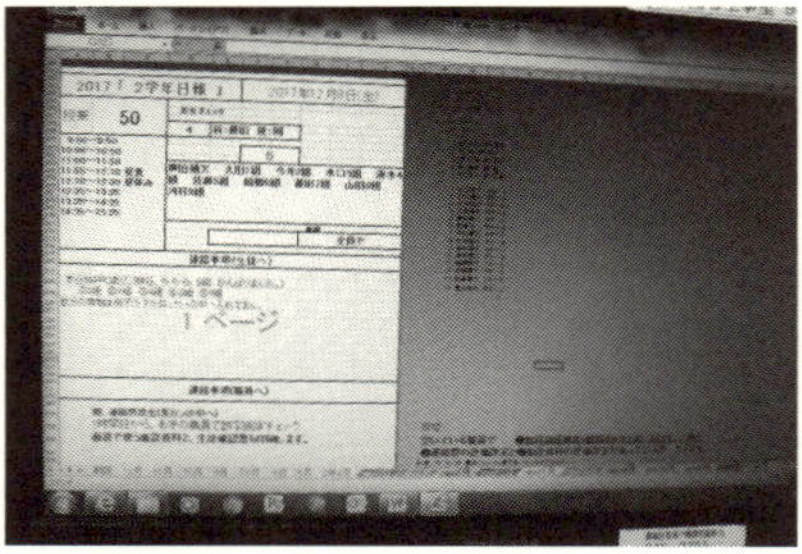

等が書けないことが多い。これは小・中・高校時代に訓練してこなかったからだ。その直接の原因は、小・中・高の先生たちがまず「書く」コミュニケーションを行ってこなかったからだと思う。

3 学校内外のコミュニケーションを活発にして、学校を活性化する方法

学校経営は、民間企業に比べ、ヒト・モノ・カネが自由にならない部分が多い。また時間は、時間割があるため、ある程度固められている。そうすると、自由になるのは情報しかない。そして情報は、やり方次第でかなり工夫できるのだ。私は、学校のマネジメントがうまくいっているかどうかは、情報共有がうまくいっているかどうかとイコールではないかと思う。コミュニケーションを活発にして風通しをよくすることで、学校はいくらでもよくなるのである。

民間企業と学校のマネジメントの違い

民間企業と学校のマネジメントは、同じ部分もたくさんあるが、完全に異なるのは学校

には「売上」がないということだ。売上という指標があれば、社員に対して、「こんな工夫をしたら売上が上がるんじゃないか」と仕事の方法を提案できる。しかも、売上は結果が数字で出るから目標を立てやすい、とも言える。

他方、学校では売上を目標としたマネジメントはできない。私は、学校経営でそれを補うのは「理念」しかないと思っている。自分の理念を、いかにわかりやすく周りに伝えていくかが大切だ。中川西中学校の理念は「自立貢献」。時間を守る、規則を守る、挨拶をする。教職員や生徒はもちろん、地域の方々にも、機会があるたびに伝えている。だから、中川西中学校にかかわりのある方々の多くが「自立貢献」という本校の理念をそらで言えるほど、その理念は浸透している。

また、民間企業は「お金をお返しするので、うちのお客さんをやめてください」と最終的に言うことができるが（あまり言えないが）、公立学校は「本校の学区から引っ越してください」とは言えない。すべての児童・生徒、保護者と向き合わなければならない。そのうえ、児童・生徒、保護者から「担任を替えてくれ」と言われても、それはできず、先生を生かす道を考えなければならないのである。

そのような抜き差しならない関係のなかで、どう信頼関係を築いていけばよいのか？解決の方法はコミュニケーションしかないのである。

学校内外にコミュニケーションを巻き起こす

(1) 学校内のコミュニケーション

①授業を核とした教師間のコミュニケーション

校長になって以来ずっと欠かさず行っているのは、授業観察だ。空いている生徒の席に座り、生徒と一緒に50分間フルで授業に参加し、校長ノートをつける。授業終了後、授業を行った先生と直接話をする。その後、校長ノートをもとに清書版「授業観察」をA4サイズで作成することもある。それに私なりのコメントを加えて、担当の先生にさしあげるのだ。「こんなに丁寧に見ていただいてありがとうございます」と先生たちは喜んでくれ、モチベーションアップにもつながっているようだ。そのうち「今度こういう授業をするので来てください」という依頼も来るようになる。

ときには、若手の先生と一緒にベテランの先生の授業を見に行くこともあった。1年目の先生に「ベテランの授業を見に行きなさい」と言っても、遠慮してしまうことが多い。だから「一緒に行こうよ。私も授業観察するから」と、手を引いて一緒に行くのだ。そして2人で1時間授業に参加する。そうすると、授業後に若手が「○○するには、どうしたらいいですか？」とベテランに聞ける関係ができる。ベテランと若手の間にコミュニケーションが生まれるのだ。最初の一歩を踏み出してしまえば、あとは自分で歩きだせる。私の役目は最初の一歩を手助けしているだけなのだ。

②「校長ポスト」を活用した校長と生徒のコミュニケーション

生徒と直接コミュニケーションをとるため、「ディア校長　公聴ポスト」を校長室の前に設置している。生徒から来た手紙には、一通一通、一筆箋ではあるが丁寧に返事をしている。返事は、必ず担任の先生から手渡ししてもらっている。生徒からの手紙も私の返事も、担任の先生にコピーして渡す。「担任の先生に言わないでほしい」と生徒の手紙に書かれていても、内容を学年主任や生徒指導主任には伝えている。生徒のことは、先生がきちんと把握しておかなければならないので、絶対に秘密裏にはしない。ポストへは、着任２年半で３５０通も投函された。

(2)　学校外のコミュニケーション

①学校だよりの活用

私は「中川西中Ｔｉｍｅｓ」という学校だよりを作成しているが、そのなかの「おジャマします。授業＆お仕事拝見」というコーナーで、先生方の授業を紹介している。この学校新聞は、生徒だけでなく、保護者や地域の方々にも配付している。これを見て、保護者や地域の方々が「授業ではこんなことをやっているんだ」「○○先生は授業でこんな工夫をしてくれているんだ」などと感じてほしいと思っている。

そもそも、私は校長になる前、学校を外から見ていて「先生って何もしていない」「楽だな、先生って」と思っていた（笑）。しかし、校長になって学校を内側から見てみると、先生も学校も、子どもたちのために、ものすごくいろいろなことをしているということに気づいた。それも私の想定以上に、である。子どもたちのために、たくさんの工夫をされている。それなのに、奥ゆかしい先生が多く、ちっともアピールしない。

だから、校長である私が、先生方がされていることをアピールしていくべきだと考えたのである。学校で行われていることをそのまま伝えていけば、保護者や地域の方々からの信頼を得ることができると思うのだ。何はさておき校長として大事な仕事は広報ではないだろうか。

一方、先生たちも一生懸命「学級通信」を発行している。これも、保護者とのコミュニケーションの大切な手段となっているので奨励している。

授業をベースにした学校づくり

私は、会社を経営していたときも、現在も、「現場主義」を大切にしたいと思っている。まずは、授業をもとに先生とコミュニケーションをとることが大切である。授業の品質保証を一番にと考えてのことだ。

校長就任時は、自分で授業をしようかとも考えた。しかし、仮に月に一度の授業が楽しくても、生徒は学校に来たいとは思わないだろう。毎日6時間の授業をおもしろく、楽しく、わかりやすくすることが、私の校長としての仕事なのだととらえている。だから、授業を見る。そしてフィードバックをすると、次にその先生の授業を見に行ったときには授業が変化しているのである。

出前授業

このほか、年間計画を立てて出前授業を行い、中学生とキラキラ輝く大人との出会いの場を設けている。これまでに、国語の「アイスプラネット」という単元では、著者である椎名誠さんにご来校いただき、「アイスプラネット＋α」の授業をしていただいたり、東京ガスさんに理科のエネルギーの授業に入ってもらったり、会計事務所を経営されているＰＴＡ会長には、3年生の租税教室で9クラスすべての授業を行ってもらったりした。

出前授業は、生徒にとってはある種の刺激だ。この刺激を通して、できる子にはさらなる論理力やプレゼンテーション力を身につけてもらいたいが、その刺激が生きるかどうかは普段の授業がしっかりしているかにかかっている。

学力向上のための個別計画

国の全国学力・学習状況調査（以下、「全国学力調査」）を細かく分析すると、平均より下位にいる子どもたちは、個別に計画を立てて学習を支援することで必ず学力が向上していくと感じる。上位層については、体験学習や熟議を取り入れて、プレゼンテーション力や論理的思考力を身につけさせたい。「学力を個別に伸ばしていく」――ここからも逃げてはいけないのだ。

しかし、学校だけでできることは限られる。できないことは、積極的に外部の力を借りていく。校長がそのようなグランドデザインを描き、そしてコーディネーター役の人がいれば、地域のボランティアや学生に依頼するのもよい。外部の協力なくしては成り立たない。

④「社会に開かれた教育課程」と校長のマネジメント力

「チーム学校」が求められている。端的に言うと、「社会に開かれた教育課程」に向け、校長はどう「マネジメント力」を発揮するか。また、「教職員組織」をどう束ねて「子どものため」に本気にさせるか、である。

マネジメントとはヒト・モノ・カネ——とくにカネを把握しているか?

言わずとも知れているが、マネジメントとは、ヒト・モノ・カネである。学校のマネジメントは利益を追求する民間企業とは違い、ヒトによるところが大きい。モノは校舎や教材などを指す。それではカネはどうか。「あまり関係ないのでは」と思われがちだが、ここに穴がある。公費配当はいくら少ないとはいえ、「図書費配当金額は年間いくらか?」「コピーや印刷で年間どれくらいかかっているか?」などに、すらりと答えられる校長はどれくらいいるだろうか? 公費を大胆にまた細かに把握したうえで、公務員の基本である「全体の奉仕者」として最大限の効果を出すのが校長の役割である。

それ以外に、外からヒト・モノ・カネをどう引っ張ってくるか。研究開発校や企業の公募、地域や保護者からの協力等、探せばヒト・モノ・カネはいくらでも出てくる。面倒くさがらずにそれらをどんどん多方面から引っ張ってくるのが校長の役割である。厳しいことを言うようだが、カネ勘定を避けているような校長は、職務放棄をしているのである。

校長は、教職員のがんばりを応援する広報部長

学校現場に入って最も悲しかったのが、先生たちがこんなにがんばっているのに全く外には伝わっていないということである。先生たちは、自分ががんばったことをあまり自慢しない奥ゆかしい人たちである。そのがんばりを応援し、外に伝えるのが校長である。しかし、そもそも授業観察を日々の日課に組み込んでいる校長はどれくらいいるだろうか？「答えは現場＝教室にある」のだから、校長室に引きこもっていても何も見えてこない。教室に行ったら、子どもの隣に座り、子どもと一緒に授業を受ける。そして、先生たちの工夫を具体的にかつ詳細にノートに書き取り、学校だより等に反映させて、保護者や地域に広報する。モチベーションアップのためには、先生たちも、抽象的に「がんばっているね」と言われるより、具体的にかつ詳細に褒められるほうが効果的である。

学校の役割とは何かを真剣に考える――やらないことを決める

「経営は劣後の優先順位を決めよ」（やることよりもやらないことを決めよ）と言ったのは、『もし高校野球の女子マネージャーがドラッカーの「マネジメント」を読んだら』（岩崎夏海著、ダイヤモンド社、２００９年）で有名なドラッカーである。

学校はあまりにも何もかも引き受けすぎである。いくら子どものためといっても、人的にも時間的にも限りがある。すぐにやめられるものでもないが、やるべきことを明確にして、教職員の仕事を集中・特化させるのは校長の役割である。

学校の役割とは、ズバリ「教育課程」である。本当に授業に100%集中させるだけのマネジメントができているか、私自身日々悩みながら考え続けている。部活動は日本の教育にとって大切なものだし、効果も高い。しかし、「部活動以外でただ引率をしているよ うな活動はどうなのだろう?」など、一つひとつの教員の仕事に優先順位をつけ、取捨選択していく時代ではないだろうか? 校長は「これはやらなくていいよ」と決めてあげることも大事である。

「チーム学校」として児童・生徒、保護者、教職員、地域、外部関係者の心をひとつにして、子どもたちの未来のために取り組んでいこうではないか!と思うのである。

5 メキメキ学校がよくなる「仕事の習慣」

人には平等に1日24時間が与えられている。管理職としてこの24時間を有効に使うことが、子どもたちの豊かな学びの場を提供することにつながる。小さな改善も「積もれば山」となる。そのために、どんなことを仕事の習慣とすればよいのであろうか？　８つ提案したい。

年間・学期・月間の目標をつくる

年間の経営目標を立てる人は多い。教育委員会へ提出しなければいけないからだ。問題はここから。どう具体化させて実践していくかだ。教育委員会に提出する経営目標の要旨は、たぶん総花的になっているだろう。しかし、１日は24時間しかない。総花的にすべてできるわけがない。そこで、まずは年間３つに絞る。そして、１学期にはここまで、今月はここまでとブレイクダウンしていくのだ。

ここで重要なことは、ブレイクダウンした月間の行動目標を副校長と共有しているかどうかだ。毎月初めに、前月に「できたこと」と「できなかったこと」を分け、書き出していく**（資料３）**。授業と一緒で、振り返りが重要だ。そして、今月はこれを重点行動目標に置こうと校長が提案し、副校長の意見を求める。副校長も今月何をがんばればよいのか明確になる。これにより、学校はどんどんよくなっていくのだ。

週間の行動計画を立てる

教員として授業を持っていたときは週案で行動ベースに落としていた人でも、管理職になったとたん週単位の行動計画を立てるのを忘れているということもあるだろう。私は、1日を30分ごとに分け、1日が始まるときに「今日はこれをする」「あれをする」と自分のスケジュールを「予約」してしまう。「3時間目：○○先生の授業を観に行く」「13時30分　○○さんが来校」「△時～△時　学校だよりの原稿を書く」など、このようなかたちで1日のはじめに「今日1日でここまでこう仕事を進

資料3

□年度□月中川西中学校月間目標

1. 先月できたこと
   - ○○○○
   - ○○○○
   - ○○○○

2. 先月できなかったこと
   - ○○○○
   - ○○○○
   - ○○○○

3. 今月やりたいこと
   - ○○○○
   - ○○○○
   - ○○○○

める」と決めるのだ。あとはJust do it!　行動あるのみである。

システム的に仕事を行う

皆さんは毎朝、「今日は歯を磨こうか、磨かないか」と悩むことはないと思う。「歯を磨く」というのは「習慣」であり、磨く行動をとるかとらないかという選択肢はない。おおよそ何の迷いもなく磨いていることだろう。

そしてその「習慣」は「システム」となる。仕事にも、このシステム化が大切なのだ。提出しなければならない仕事はどんどん溜まっていくし、出し忘れなどで催促されたらもっとやる気が出なくなってしまう。だからシステムとして、自分の１日のスケジュールを「予約」する。そうすることで、「やるか、やらないか」を迷う選択肢はなくなり、些末な仕事はどんどんさばけていくだろう。

そして余裕のある時間は、ゆっくり戦略などを考えたり、教職員と話したりするのに使うべきである。話すことにより、現状がわかり、改善のツボがわかる。現状を知らないまま「たぶん、それは○○だから」と予測のもとで改善しようとしたところで、現場は喜ばない。「あ、そこです！　それそれ‼」と、ツボにガツンと効く改善をするためには、現状把握が必須なのだ。

職員室の机を見て様子を観察

やらなければならない仕事や書類提出などのルーティンワークを効率的に片付け、先生たちの仕事ぶりや子どもの様子を観察する時間をたっぷりとれたら、まずは職員室に行こう。先生たちの机に何が乗っているかを観察して、「へー。これ何ですか?」「生徒はこんなことを考えているんですね」と、隣にどかっと座ってコミュニケーションをとってみよう。机の上は、生徒との日記や教材研究のネタ仕込み等々、コミュニケーションをとるための材料の宝庫である。

現場は教室である。教室に行こう

一番の現場は「教室」である。教室に行き、先生たちの授業をどんどん観よう。観に行けばその先生のいいところや改善点も明らかになるし、生徒の様子もわかる。「この生徒は授業をどれくらいわかっているだろうか?」「グループ活動等でいじめの兆候はないか?」「生活面で〝困り感〟のある生徒はいないだろうか?」など、授業だけでなく生徒の観察もしたら、「あの子、ちょっと臭うけど、お風呂にちゃんと入っているかな?」など担任に様子を聞いてみるとよい。とにかく、現場=教室にすべての答えがあるのだ。そして、担任と子どもたちの関係が一番の肝となる。

「校長＝広報部長」。カメラをもって常に学校を取材

「いきなり校長が教室にどんどん、ずかずか入ってきたら、先生たちはびっくりしないか？」と思われる方もいるだろう。安心してほしい。はじめは、こっちもあっちもドキドキしているだろうが、そのうち慣れてくる。ただ、年度や学期のはじめに「授業がすべてなので、今後はいきなり、授業をどんどん観に行かせてもらいます」ということは宣言しておいたほうが、あなた自身が行きやすいかもしれない。

前述の学校だより「おジャマします。授業＆お仕事拝見。」コーナーでは、正規職員・臨時任用・非常勤にかかわらず全員を紹介するようにしている。その写真撮影の名目で授業に行くこともある。生徒からも、教室に入ると「あ、『おジャマします』ですね」と言われる。日々教室に入っていると、そのうち「校長先生、来てたんですね」と言われるくらい、教室にいることへの違和感はなくなる。

写真を撮ったら、ホームページや学校だよりに書くなど、校長は校内外の「広報部長」にならないといけない。先生の取り組みや学校で起こっていることを伝えていくのは、一番ヒマ人である校長の仕事だ。これにより、保護者・地域のみならず、教職員同士もほか

の先生の取り組みを知ることができるからだ。

改善は「すぐ」。あとに持ち越さない

改善もそのための行動も「今でしょ！」「すぐ」が鉄則である。中川西中学校に着任した際、大小合わせて400ほどの改善点を出した。すぐに副校長と優先順位をつけて取り組んだ。「今すぐできるもの」「来月行うもの」「1学期の間に行うもの」「1年の間に行うもの」と順番をつけていく。「あとで」と思ったら、いつまで経っても何もできないものである。

悩まない

最後に「悩まない」のも一つの習慣にするべきである。悩むのであれば、「できるとしたら」と考え、そして走りながら考える方法をとる。

「下手な考え、休むに似たり」という言葉がある。「もしこうだったらどうだろう？」「もしできなかったらどうしよう」など余計なことを考えるのであれば、とりあえずＧＯ！下手な考えは休んでいるのと同じである。悩む代わりに、上記のような効率的な仕事の仕方をすることで、考える時間、現場と話す時間を確保することが肝要である。

６　やってできないことはない――思い込みがすべての障壁

学校経営をしていて、「ヒトがいない」「モノがない」「カネがない」とあきらめることはないだろうか。でも、そんなことでは、あなたは「校長＝学校経営者」とは言えない。どんなことも、やってできないことはない。ここでは私がどんなふうに突破してきたか、具体例をもってお伝えしたい。

ヒトがいないなら生み出せ！

どの学校も不登校児童・生徒や特別な支援を必要とする児童・生徒への対応に苦慮していることだろう。生徒数１千人を超える大規模校である中川西中学校も、２０１５年度の着任時にはなんと30人もの名前があがっていた。しかし、２年目の２０１６年度から特別支援教室を設置した結果、翌２０１７年には完全不登校の生徒は１人となった。

詳しくは後述するが、教職員定数法のもと加配は望めないので、各教科の先生方にそれぞれ授業を少し多めに持ってもらい、授業を持たない余剰人員を２人生み出し、特別支援教室の専属となってもらった。ちなみに、横浜市では個別支援学級と呼ぶ特別支援学級は別にある。

余剰人員２人を生み出す際に、「授業を持たない先生がいるのはずるい」という職員の反発は必至である。しかし、丁寧に説明し、理解してもらった。丁寧な説明とは、「先生、あなたはお子さんがいらっしゃいますか?」と聞く。そして「もし、あなたのお子さんが、『明日から学校に行かない』と言ったらどうしますか?」と正面から切り込む。「いやー。困りますね」と言ったら、こちらのもの。「ですよね? 本校にはそういったご家庭が30もあるんです。何とかしてあげたいと思いませんか? いや、何とかしなければならない! ぜひご協力してくださいませんか?」と畳みかける。

校長会などでこの件をお話しすると、「そんなことはできるのか? 県教委や市教委はそんなことを許すのか?」という意見もいただいた。そのつど「逆になぜできないのでしょう? 校内人事は校長に権限があるのだから、各学校の課題解決に沿ったかたちの人事配置をしてもいいはず。今までの思い込みにとらわれていないですか?」と反論した。

このほか、これも後述するが、２年生で行う職場体験は１日だけだったのを、３日間に増やすと決意。しかし、１学年約３５０人もいる生徒たちの職場体験先を探すのが一苦労である。聞くと、今までは先生たちが授業の合間を縫ってファックスや電話でやりとりするなどして、夏休みなど比較的時間に余裕がある時期に事業所探しをしてきたという。授業以外のこういった仕事が大きな負担となっている学校も多いと聞く。

そこで、校長である私が「営業部長」のような役割を担い、職場体験先となる事業所開拓のコーディネーターを4人任命、ローラー作戦で地域の事業所に営業をかけた。コーディネーターには、元PTA役員や現保護者の方々で、地域のことを知り尽くし、地域人脈がある人たちばかりを選んだ。毎週定期的にミーティングをし、職場体験先として事業所をリストアップして、そこに主旨をご説明のうえ賛同いただけるか確認していく。結果、2017年度から3日間の職場体験ができるようになった。職場体験先は130事業所にものぼった。

「人がいない」と嘆くなら、自ら率先して「人を生み出す」べく取り組むべきであろう。

モノ・カネがないなら企業と交渉しろ

昨今、かなりの会社がCSR（企業の社会的責任）として学校現場にさまざまな資源を投入してくれている。iPadを授業で使いたいと思い、Apple社と交渉したのは2014年であった。結果、40台＋先生分6台＋副校長分1台＝47台、3ヵ月間無料でお借りすることができた。ダメ元でも、とにかく企業の大代表の電話からかけてみて、アタックすることが必要だ。

また、私が民間人校長として校長になった2010年、横浜市では「学校ホームページをつくれ。そして更新しろ」というお達しはあったものの、驚くことに当時はどの学校もホームページビルダーで作成していた。ホームページをつくるのは賛成だが、ホームページビルダーでは作成に時間がかかりすぎてしまい、結局日々の更新ができなかったり、担当者の首を絞めたりしてしまうことになる。

そこで、学校ホームページに関する本を読みまくり、「この考え方がいい！」と思う人を発掘。当時玉川大学教職大学院にいらっしゃった堀田龍也先生（現東北大学大学院）に直談判して、お話をうかがうことにした。知らないことは、自らの探究学習として〝達人〟に聞くのが一番よい。

学校ホームページ作成にあたってのポイント、長く続かせるための秘訣を聞き、横浜市の現状もお話ししたうえで、何か第一歩を踏めないかと相談。すると、「内田洋行という会社がＣＭＳ（コンテンツ管理システム）というブログにアップする簡単な方式でやっている。まともにやるとお金がかかるが、試行校というかたちでお願いしてみてはどうか？」とご紹介くださった。早速アポをとり、日本橋のショールーム本社に乗り込んでみる。すると、「1年間は無料で大丈夫です」と言う。

やった！と思ったのも束の間、今度は横浜市教育委員会が学校の情報を横浜市教育委員会の所有でないサーバーに置くのは好ましくないと難色を示した。ここまでとんとん拍子で来たのに、21世紀におよそそぐわない行政の理由でつぶされては困る！と当時の副市長や教育次長にまで直談判し、とりあえず1年の試行ということでお許しが出た。

そして、こうなったら実績を上げるしかない！とほぼ毎日更新。1つの記事を5分ほどで簡単にアップできるし、ホームページへの訪問数もどんどん増えていった。そして2年後、なんと横浜市が内田洋行と契約を結び、同じCMSシステムを横浜市教育委員会のサーバーで行うという発表があった。結果、ねじれ契約は解消し、多くの学校も校務が楽になったのだ。自校のみならず、他校も助かったのであればこれほど嬉しいことはない。

企業としては、学校1校への支援は金額的に〝はした金〟なので、未来永劫の無償サービスは無理だとしても短期間ならば承諾してくれることも多い。大切なのは「しょせんダメだろう」と初めからあきらめるのではなく、「断られて当然！」とダメ元で頼んでみること。校長は営業マンにならなければいけないのだ。

行政とは、できない理由が明確にわかるまでとことん交渉

行政との交渉で「ダメなものはダメです」と言われ、「あ、そうですか」と容易に引き下がっていないか？　行政との交渉は、一般の先生たちには無理。できるのは管理職だけ

である。そして「できない」と思っていることも、たいていは自分や行政の思い込みであったりするのである。

学校現場でも育児短時間勤務（1日4時間の勤務）の先生が増えてきたが、その場合「校外学習などの1日仕事は出張命令が出せない」という、横浜市ではどの校長も「常識」と思っているきまりがあった。

しかし、特別支援学級で病弱のお子さんが卒業遠足に行くとき、やはりいつもの担任が引率したほうが安心と判断。担任本人も行きたいというので横浜市教育委員会に電話をしたところ、「無理ですね」と軽く言う。そこで「なぜダメなのか？　それはどの法律の何に抵触するのか？　それを突破するためには、文部科学大臣に言えばいいのか？　それとも厚生労働大臣か？」と詰め寄った。

さらに「たとえば、1日の勤務をさせて翌日振休というかたちにできないか？　そもそも今後、子育て中の人も介護中の人も、いろんな働き方ができることが必要なのに、これでは育児短時間勤務をする人にも、『現場にそぐわないので申し訳ない』という気持ちにさせてしまう。なんとか救済方法の内規をつくるのが教育委員会の仕事ではないのか？」と伝えたところ、ややあって「内規を見つけました。校長が必要と判断したとき、そして緊急だと判断したとき、育児短時間勤務の方でも出張命令が出せます」と言う。

そこで即「必要です！　緊急です！」と申し出た。生徒や保護者のみならず、育児短時間勤務中の教員や同じ学年の教員にも喜ばれたのは言うまでもない。行政であっても、あちらが「できない」と思い込んでいるだけということもあるので、粘り強く交渉することが必要である。

7 学校教育の「コスト」を見直す

会社経営と学校経営の一番の違いは、ヒト・モノ・カネが自分の裁量で決められないということである。しかし、工夫の仕様はいくらでもある。「お金は増える」のである。

経営の優先順位で予算の優劣をつける

「現任校の経営の優先順位は何か？　3つあげよ」と言われたら何をあげるであろうか？着任後すぐに事務と予算の打ち合わせをすることが大切である。会計項目ごとの大きなものから着目し、「これはいったい何か？　教育委員会のどのような取り決めがあるのか？今までの予算に対する経緯は？」と一つひとつ聞いていく。すると、前任校では100万円近い「バス代」というものを発見。かなり前に「緑の学校」という市の教育施策があり、その施策にあたる2年生の自然教室のバス代補助であった。しかし、今ではその予算加配はなく、しかも学校教育予算全体は年々数パーセントずつ削られている。

すぐに当該学年の教員を呼び、意見を聞く。これまでその100万円のなかから例年補助が出ていたので保護者も教員もごくごく当たり前に執行していたらしいが、なかったらなかったで保護者負担も増やさずなんとかプログラムを組めるという。教職員を説得し、まずはPTA役員に説明、その後保護者説明会を開き、この100万円近いお金は他項目に流用してもよいということになった。

このとき、学校で力を入れていたのがキャリア教育と教職員の職場環境（壊れて首のとれた椅子に座っていたり……）の改善であった。その分を講師謝金やキャリア教育の教材、職員室の職場改善に使わせてもらった。大事なのは経営方針に沿った予算になっているかどうかである。もし、方向性がなくただ使っている予算があれば、それは税金の無駄遣いである。

今の予算執行で、最大の教育効果を得ているのか？

現在の予算執行を、児童・生徒たちのために100％有効に使っているか？という観点も大切である。「図書予算は年間いくらか?」「コピー費は?」にすらすらと答えられるだろうか? 校長として、大まかにでもよいのでつかんでおくことが重要である。

たとえば中川西中学校（生徒数1050人）の図書予算はおおよそ160万円である。前任校の市ヶ尾中学校は（生徒数630人）では110万円ほどであった。生徒や学校規模によって図書予算は変わってくる。そしてこの中身をつぶさに見ていくと、どうやって本を購入していくのか、どんな方針をもってどんなものを購入していくのかに着目する必要がある。図書予算のなかに、指導書代は入っていないか?（↓入れてはいけない）修学旅行などの教材は入っていないか?（↓入れてはいけない）きちんとした方針もないまま、各教科・各学年で何となく購入していないか?（↓もちろんダメ）図書予算は、児童・生徒たちの図書の購入のためだけに使うのだ。

そもそも図書費を計上する目的を考えてほしい。「子どもたちが生涯にわたって読書する習慣を身につけるため」ではないだろうか? だから、1種類の本1冊しか買わないのだ。楽だからと言ってシリーズものを買ってはいけない。シリーズを並べて嬉しいのは教員や司書で、児童・生徒ではない。このように、一つひとつの項目について、なぜその予算が学校に降りてきているのか? その予算で最大限の教育効果を得るためには、どんな方針を立てるのか?が重要である。

場合によっては、その世界の専門家にアドバイスを求めるのも有効である。たとえば図書予算であれば、100万円でおよそ800冊の本が買える。本というのは、1日200〜250冊の新刊本が出ているのをご存じだろうか？　その新刊本をチェックし、どの本が中学生向きで、どの本を自校の生徒に選べばよいのか、忙しい教員が選びきれるだろうか？　私は絶対に無理だと思う。選書のプロでないとできないことがある。役割が違うのだから、選書のプロに多少の謝金を払ってでもお願いするのが、有効な予算の使い方でないだろうか。各分野の専門家が持つ知見を生かして、学校経営マネジメントをしていくことが必要である。

お金をかけずにできること、あります

限られた予算ではあるが、お金をかけずにできることはいくらでもある。ひとつは、授業と企業のCSRをつなげること。開かれた学校、「社会に開かれた教育課程」への第一歩である。

横浜市中学校長会は毎月総会を開いているが、その来会者のなかに公益財団法人日本オリンピック委員会（JOC）の「オリンピアンを招聘する」というプログラムがあった。小谷実可子さんや荻原次晴さんなどが各クラスの体育の時間に無料で来てくれるというも

のだ。さっそく問い合わせの電話をしたところ、応募は横浜市立中学校146校のなかで中川西中学校だけとのこと。

実施するにあたって、2年生9クラス分の授業変更は大変だった。しかし、テレビのなかのオリンピアンが目の前に来てオーラを放つ。普通の中学生がそんな体験をできるか？　全員がとは言わないが、大人になってからもこのことは覚えているに違いない。

そんな話があっても、全体のバランスを考え、職員室から嫌われたくないと応募もしないし手もあげない。そんなことで今後どのように「社会に開かれた教育課程」を編成していくのか？　教職員のためだけに校長はいるのではない。児童・生徒のためにいるのだ。児童・生徒のために予算を執行するのと同じで、児童・生徒のために無料で使えるプログラムを探してくるのが校長の重要な仕事だ。校長室でじっと待っていても何も生まれない。

世の中には地域の方々など、子どものために何かしたいという人は多いのに、うまくつながっていかない。社会資源の無駄である。つなげられないのは、校長のアレンジメントが下手だからである。今後学校と社会をつなげられない校長は、校長としての資格はない。だったら、教える専門職である「教員」に戻るほうが、本人にとっても児童・生徒にとっても幸せであろう。

2章

新学習指導要領の理念を自校に落とし込む

1 中教審特別部会に出席して感じたこと

次期学習指導要領改訂のため中教審特別部会編成

2014年11月、文部科学大臣より中央教育審議会へ「初等中等教育における教育課程の基準等の在り方について」諮問がなされ、次期学習指導要領について中央教育審議会で審議が始まった。今回の審議にあたっては、総則や各教科・領域の審議に入る前の議論をする「教育課程企画特別部会」（以下、特別部会）が編成され、私はその一員として末席に座らせていただいた。

特別部会の委員は26名。主査は白梅学園大学の無藤隆教授で、半数以上が大学教授。そのほか京都市長の門川大作氏、岐阜県教育長の松川禮子氏や三菱商事常務、日本経済新聞社常務執行役員、ジャーナリスト、NPO代表等が委員である。現場の校長は小学校1名、中学校1名、高校1名の計3名だけであった。結局、教育改革と言っても、真実は「教員と児童・生徒」にあるのだから、「現場の声を特別部会の席で伝える」ということに注力しようと、毎回少し過激な発言も含め現場の声なき声を届けるよう努めた。

諮問のポイントは、①学ぶことと社会とのつながりを意識し、「何を教えるか」という知識の質・量の改善、②「どのように学ぶか」という学びの質や深まりを重視（アクティブ・ラーニング）、③学びの成果として「どのような力が身についたか」の学習評価のあり方、以上3つの視点に要約される。

諮問の背景

諮問の背景には、新しい時代が意識されている。今の子どもたちが成人して社会で活躍する頃には、生産年齢人口の減少、グローバル化の進展や絶え間ない技術革新等により、社会や職業のあり方そのものも大きく変化している可能性がある。実際、今の小学生の約6割は、「今存在しない仕事」に就くと言われている。つまり、自分で自分の仕事を創造・創出しなければならないのだ。そうした厳しい挑戦の時代を乗り越え、伝統や文化に立脚し、高い志や意欲を持つ自立した人間として、他者と協働しながら価値の創造に挑み、未来を切り拓いていく力が必要ということで、今回の諮問が示された。

アクティブ・ラーニングとは？

アクティブ・ラーニングとは、一言で言うと「教師が教える」授業から「子どもが学ぶ」授業への転換ということ。「主体的・協働的」というキーワードに象徴される。結局、最終的には「アクティブ・ラーニング」という横文字は、法律用語にしにくいことから、学習指導要領では「主体的・対話的で深い学び」と表現された。

私は、個人的には「同じことを、同じ学齢で、同じペースで」学ぶことを取り決めている学習指導要領が存在する以上、また時間割がもともと決まっているカリキュラムでは生徒の選択権が全くないことから、本当の意味での子どもの主体性を育むことはできないと考えている。

しかし、そういった制約があるなかでも、「生きる力」の精緻化や構造化の進展はこれまでの学習指導要領からも見てとれる。1998年の学習指導要領においては、総合的な学習の時間を主軸にその部分を引き受けるとされてきた。また、2008年の学習指導要領の改訂では、教科全体で引き受けてきた。また、2008年の学習指導要領の改訂では、教科全体で引き受けるとされ、言語活動の充実などにより、知識の活用を図る資質・能力を育てるとされた。今回の改訂は、もう一段進めて、「アクティブ・ラーニング」と、教科ごとではなく学校全体で資質・能力を育む「カリキュラム・マネジメント」を行おうというものである。

今回の諮問のなかでも、ＰＩＳＡやＴＩＭＳＳなどの国際調査結果から、日本の子どもは「判断の根拠や理由を示しながら自分の考えを述べることについて課題が指摘されることや、自己肯定感や学習意欲、社会参画の意識等が国際的に見て低い」という課題が見られることが示唆されている。

資質・能力とは？

諮問では、新しい時代に必要となる資質・能力（コンピテンシー）の育成に関連して、これまでも、たとえばＯＥＣＤが提唱するキー・コンピテンシーの育成に関する取り組みや、論理的思考力や表現力、探究心等を備えた人間育成をめざす国際バカロレアのカリキュラム、ユネスコが提唱する持続可能な開発のための教育（ＥＳＤ）などの取り組みが実施されていることが述べられている。

このなかでも、とくにＯＥＣＤのキー・コンピテンシーについては、どんな時代が来ようとも、またどの国で生活していようとも必要な能力（コンピテンシー）が示されていて、非常にわかりやすい。

①「社会・文化的、技術的ツールを相互作用的に活用する能力」＝ツールは、言語のような文化的なものと、情報テクノロジーのような物理的なものの両方を含む。

②「多様な社会グループにおける人間関係形成能力」＝異質な集団のなかでうまく交流し、他の人々との関係をつくっていける。

③「自律的に行動する能力」＝一人ひとりが自分の生活や人生について責任をもって管理・運営し、自分たちの生活をより広い社会的背景のなかに位置づけ、自律的に活動する。

これら3つのコンピテンシーを下支えするものとして、「リフレクション（振り返り）」の重要さがあげられる。詳しくは、『キー・コンピテンシー　国際標準の学力をめざして』（ドミニク・S・ライチェン他編著、明石書店）を参照いただきたい。また、国際バカロレアについても知識のひとつとして押さえたいところであり、『世界で生きるチカラ　国際バカロレアが子どもたちを強くする』（坪谷ニュウエル郁子著、ダイヤモンド社）を読んでおかれることをお薦めする。

2020年以降の展望――次々期学習指導要領はどうなっていくのか？

個人的には、今後、児童・生徒個々の能力や進度によって、学習の個別化（アダプティブラーニング）と協働化が進んでいくであろうと思う。欧米ではすでにそのような方向だからだ。

学齢ごとの学習内容を規定することは、必ず「落ちこぼれ」をつくる仕組みであり、現代の多様性を重要視する時代にはそぐわない。また、特別な能力を持つ子どもにも枠をつくってしまうことは時代錯誤である。それには「まず、資質・能力論をしっかりと現場で論じなければいけない」と文部科学省・教育課程課長（当時）もお話されていた。

時代の流れがこれだけ早いのに、学齢ごとの内容規定が外されるのを2030年まで待たなければならないのか？と少々じれったい感じもするが、そうそう一足飛びにはいかないのである。

しかし、若い先生方を中心にこういった感触をお持ちの方も多いように思う。若い人でもさまざまなチャレンジをどんどんできるような環境を校長がつくってやれば、「変わる」のである。ゆめゆめ校長は「ボトルネック」（ジャマ役）になってはいけない。

❷全面実施までの学校経営課題——何を優先して取り組むか

100歳人生の時代、マインドセットが必要

中学校の学習指導要領は、小学校・高校と比べるとさほど変わらないと思われがちだが、もしこう思っていらっしゃるのであれば、いますぐに気持ちを改めていただこう。また、小学校も英語だけでしょ?と思っていらっしゃるのであれば、それも違う。

今回の新学習指導要領は、抜本的に変えなくてはならないのだ。それはそのはず。時代が大きく変わっているからだ。最も変わらなければならないのは、学校の管理職はじめ教職員のマインドセットである。

まず取り組まなければならないのが、2030年の未来予測を共有することだ。2007年生まれの日本人の平均寿命は107歳になると言われている。先進国の子どもの半数以上が100歳を超えるのだ。今までのように、教育→就職→退職の3パターンが成り立たなくなり、人の生き方は大きく変わるはずだ。そのとき、学校の役割とは何であろうか?学校は、未来へ向かう子どもたちに何ができるのであろうか?

横並び・様子見は禁止！　学校独自の特色を

２０３０年の学校をめざすためには、まず、自分が校長として何を自校で成し遂げたいかを明確にする必要がある。年度ごとに3つの目標を立てることが先決だ。それから、マネしたい未来の学校像をよりリアルに感じるために、「ここ！」と思ったところは年休を取得してでも見に行くくらいの覚悟が必要だ。というのは、これからの新学習指導要領は各学校のカリキュラム・マネジメントが必要なのだから、横並びでは困るのである。その学校独自の特色がないとダメなのだ。

「こんな学校！」と理想が決まったら、突っ走るのみ。どうやってそれを実現すればよいのか？　自分なりに数人のアドバイザーを決めておいたほうがよい。ともに進める同志もいたほうがよい。とにかく「進めること」が大事な新学習要領なのである。

1にも2にも人事。適材適所で決まる

そのうえで、どのような体制でいけば実現可能か？　まずは「人事」。校長の仕事は1にも2にも人事である。「そんなこと言ったって、公立中学の校長には人事の権限がない」と言われてしまうだろう。そんなことは百も承知である。しかし、そのなかでいかに戦略

的に適材に人を配置し、一人ひとりが輝ける体制を築き上げられるかである。そのためには、まずは教職員一人ひとりとよくコミュニケーションをとることが必須である。また、教育委員会との交渉力も必要である。

行事の精選は必須

行事の精選も必要だろう。行事の取りやめ等が決まっても、反発は必至。その年から取りやめはできないかもしれない。しかし、やらねばならない。行事以外に大切にしなければならない事案がたくさん出てきてしまったのだ。しかも、教員の多忙化をどう解消するかは校長にかかっているのだ。職員が燃え尽きる前に手を打たねばならない。「毎年やっているから」という理由で学校行事を行ってはいけない。

児童・生徒への差別が、最大の平等

教員は、児童・生徒の「見方」も変えなければならないと思う。児童・生徒指導は大事だが、昔流の平等観に基づいた児童・生徒指導体制では合理的配慮は実施できない。「児童・生徒への差別が、最大の平等」と考え方を改めるべきだろう。児童・生徒一人ひとり、その子に合った配慮が必要なのだ。しかし、「合理的配慮」と言っても、もちろんできることできないことがある。そこは学校として何ができて何ができないかをしっかりと主任たちとともに話し合うべきだと思う。

「社会に開かれた教育課程」実現のために

「社会に開かれた教育課程」を実現するためには、授業に外の風を入れることが重要である。恐れず怖がらずどんどん取り入れてみる。すると、先生たちも慣れてくるものである。

また、こういった変化をきちんと理解してもらうために、ＰＴＡで校長・副校長を囲んだ茶話会を年間で定期的に実施してもらうとよいだろう。保護者とざっくばらんに民主的に話し合う機会を持つことも重要である。

3 カリキュラム・マネジメントとは

――ＫＫＤ（勘・経験・度胸）の学習・生徒指導からの脱却を！

まずは根本的な議論から

２０２１年から全面実施の中学校新学習指導要領実施に向け、中川西中学校では「私たち公立中学校の教員の仕事とはいったい何か？」という根本的かつ、やや哲学的な話し合いを、教育課程推進委員会にて重ねてきた。折しも、教員の多忙化解消とその「働き方改革」がマスコミ等でも話題となり、併せて「どのようにしたら仕事の質を上げ、効率的に仕事ができるのか？」も職員室等で話し合われ始めたのだが、「教職員の仕事の質っていったい何？」という設問となり、やがて「そもそも私たち公立中学校の教員の仕事とはいったい何か？」、つまり「私たちは何のためにあるのか？」「公立中学校の教員の役割とはいったい何か？」という根本的な話し合いとなった。

「働き方改革」を考えるにしても、カリキュラム・マネジメントに挑むにしても、このあたりの根本的な話がないことには、何を目標としていいやら……方法論のみとなってしまうであろう。目標あれども魂入れずの施策となってしまっては、元も子もない。

ひと手間に見えるだろうが、管理職を中心にこのあたりの教職員の思いを起こして、そして教員としての根源的なモチベーションにつなげていかないと、真のカリキュラム・マネジメントはできない。教育委員会が例示する年間予定や教科の単元がずらりと並んでいるものは、「各学校のカリキュラム」とは言えない。自分たちで考え、自分たちでつくるからこそ、自校の生徒の実態や地域に合ったものとなるのだし、何よりそのほうが、上から「やれ」と言われてしぶしぶやるよりも、実行力がある。

公立中学校の教員の仕事とは？

「私たち公立中学校の教員の仕事とはいったい何か？」――話し合いの結果、下記２つに集約された。

①生徒一人ひとりの自己実現を支援する
②公立学校ならではのセーフティネット

①「生徒一人ひとりの自己実現を支援する」。言うは易しだが、実際はむずかしい。しかし、私たちは塾の講師でも保護者でもない。ただ単に目の前の高校受験に受からせるための学習指導だけではないだろうし、保護者のように家庭での生活面を見るのみではない。学校では、複雑な人間関係のあるなかで生徒にソーシャルスキルを身につけさせ、将来「さまざまなコミュニティに出入りしながら、愉快な人生を送る」社会人になれることを目指して絶え間ない指導を行っていくことが、教員の役割ではないだろうかと考えた。

実際に教員に「どんなときに教員になってよかったと思うか？」「目指すべき教員像は？」と聞くと、「やっぱり生徒一人ひとりの『こうしたい』という自己実現を支援したい」と言う。それがむずかしいことは重々承知しているが、公立中学校の教員としての存在意義はここにあるのだからこれを目指していこうと、皆で熱い気持ちを共有する。

それに、私たちはあくまでも公立学校であって、私立学校ではない。私立ならある程度選別された生徒が来るのだろうが、公立はたまたまその地区に住んでいる子どもたちが来る。多様で当然である。

ときには、精神的に厳しい保護者が非常に細かい要望をしてくることもあるだろう。正直、そういった方々は、ママ友・パパ友からも相手にされていないのが現状かもしれない。しかし、私たち公立学校の教員としては、「程度」はあるものの、精神的に厳しかったり倫理的なことが通らなかったりする方々の相手をすることもあるだろう。それが子どもにとってセーフティネットになることもある。

なお、どこまで相手にするかという「程度」は決めておいたほうがよい。あまりに理不尽なことを言われ続けると、教員自体が疲弊してしまうこともあるからだ。ここでは管理職が介入し、医療やカウンセラーなどにつなげないといけない。がんばりすぎる教員を救うのも管理職の務めなのだ。

教育先進国ではWell-beingという考え方

日本には、文部科学省の全国学力調査や、各都道府県・市町村で行っている学力・学習状況調査がある。文部科学省だけでも年間約50～70億円の予算が使われているが、はたして政策立案上のエビデンス以外に個々の子どもの学習に役立つものになっているのだろうか？

各都道府県・市町村の学力・学習状況調査は、自治体ごとの予算による。横浜市学力・学習状況調査は、中学校の3年生で2日間、1・2年生で2日間、合計年間4日間の日程がとられる。5教科と生活調査を行うが、午前中にテストをし、午後に部活も停止して教員総出で採点業務と入力を行う。その労力たるや……。これだけ授業数不足が叫ばれ、教員の多忙化も問題となっているのに、毎年毎年「例年どおり」でやり続けていることに、教員たちも疑問を抱きつつ、「まあ、仕方ないか」とあきらめムードである。

しかも生徒はと言うと、「これ、成績に入らないんですよね」と、適当にテストに回答する。さっさと終わらせて寝ている生徒もたくさんいる。小学校は少し様子が違うと聞くが、中川西中学校の実態から見るに、「個々の生徒のためになっているか」という観点から見ると、国・県・市がこれだけの労力と予算をかけて調査をする意味はないような気がする。

いや、逆説的なようだが、予算をかけるのならもっと増額すべきではないか。今のままではなんとも中途半端なのである。教育先進国、具体的にはオランダ、デンマーク、スコットランド、フィンランド等では、学力を測るのみでなく、Well-being（身体・心の健康、幸福度）に即した調査を行っている。テストの結果を見て、場合によっては児童・生徒、保護者、先生が3者面談を行って今後のカリキュラムを決めたり、特別な支援が必要な子どもに関しては専門家が配置されたり、経済的に生活が苦しい子に対しては児童相談所などの支援がすぐに入ったりする仕組みになっているというのだ。

ここまでやれば、まずは納得である。子どもの幸福度も上がるというものだ。しかし、日本の現状を見ると、「学力調査をとりあえず毎年行っている」だけで、地域間・学校間で「どこが上でどこが下か」とマスコミが大騒ぎするだけで、特段個々の子どもにとってのメリットになっていないような気がするのだ。

図書文化社のテストとの出合い

そんな前提はあるものの、何か欧米諸国でいうWell-beingの考え方を反映させたアセスメントができないかと考えていたところ、『中等教育資料』２０１７年1月号（学事出版）の実践研究で佐賀市立川副中学校の実践を目にした。図書文化社の４つのテストをもとにした実践である。すなわち、「知能検査」が生徒の持つバッテリーだとしたら、「ＮＲＴ標準学力検査」で生徒が能力に応じた学力を得ているかを、また「ＡＡＩ学習適応性検査」

で生徒の学習等への適応や関係性を、「Q－Uアンケート」で社会性をみる。

すぐに川副中学校の池之上義宏校長先生に連絡をとったところ、「このアセスメントと日々の観察を重ね合わせると、『確かにそうだ』というところもあるし、観察だけではむずかしい部分も見て取れる」とおっしゃる。「これはまさに本校で求めていたものではないか」と、中川西中学校の教育課程推進委員会のメンバーに聞いてみることにした。

すぐにでもやろう！

「こんなテストがあるらしいです。まあ、生徒1人につき保護者から約3千円徴収しないといけないから、来年度すぐにというのは無理だと思うけど……」と、『中等教育資料』のコピーを教育課程推進員会で示した。

じっと資料を読んでいた先生たちから、「いいじゃないですか！」「本当にこれで生徒一人ひとりの自己実現を支援できるのなら、賛成です」という意見が出た。できれば池之上校長先生から直接体験談をうかがいたいということになったので、改めてお願いして、中川西中学校にお越しいただいた。その結果、「来年度4月にでも早速やりましょう！」ということに。すでに時は2月初旬。4月に実施するのなら2ヵ月間しかない。しかし教員たちはやる気になってくれている。

そこでまず図書文化社の方にお越しいただき、教員向けの講演とともに、ＰＴＡ運営委員会への来会者という立場でＰＴＡ向けの説明会を行っていただいた。ＰＴＡ役員や運営委員会のメンバーから異論は出なかった。次に、会員なら誰でも参加可能なＰＴＡ主催の茶話会でお話してみたところ、皆さん「いいんじゃないでしょうか。学校がそこまでしてくださるのであれば」とのことだった。

同時に市の学力・学習状況調査を拒否!?

ところがここで、「この図書文化社のアセスメントをやるのであれば、国や市の学力・学習状況調査は必要ないのでは」という声が出た。ただでさえ忙しい学校現場なのに、図書文化社のテストの実施だけで丸々１日かかってしまう。まさか国の全国学力調査は拒否できない。そこで横浜市の学力・学習状況調査を「今年度のみ試験的に行わない」とできないかという話になった。

さっそく横浜市教育委員会宛、校長名で理由書とともに手紙を書いて送った。すると、市の教育課程推進室長から、「一校長から出されてもなかなか俎上に乗らない。学校運営協議会の具申書として出してほしい」との返事。そんな大ごとにならないよう動いてきたつもりなのに……。

荒波を立てることになってしまったが、「例年どおり」と誰も何の疑問も感じずに学力・学習状況調査を続けている状況に誰かが「おかしい」と声を上げることは、現場の声を代弁する一つの必要なプロセスだと思った。

学校運営協議会が難色を示す

中川西中学校は2016年度からコミュニティ・スクールとなった。まず、この話を聞いた委員長・副委員長（お2人とも元公立中学校長）から、全国学力調査や都道府県・市町村の学力調査の歴史的背景や経緯などについてのご説明があった。そのうえで、「どうしてもやりたいと言うのならよいのですが、このテストをすることで先生方は余計に自分たちの首を絞めませんか？　多忙化解消と言っていますが、個々の生徒の自己実現の支援を始めるというのであればいくら時間があっても足りないし、そうしたところで全員が満足できる支援をできるはずはない」とおっしゃった。仰せのとおりである。こういったご指摘はたいへんありがたいし、必要なことである。

一方、横浜市の学力・学習状況調査を今年度は試験的に行わないという具申書を、学校運営協議会から提出する件については、小学校の校長先生たちが反対した。小学生は、中学生のように「このテストは成績に入るのか」などと疑問に思わず、市の学力・学習状況調査もまじめに受けているらしい。また、クラス担任がほとんどすべての教科を見ているから、採点しながら「この子はまだこういうところが理解できていないんだな」と振り返るのに有効だという。

一方、中学校の場合は、たとえば体育の先生が数学のテストの採点をするのに、「誰がどの程度わかっているか」などではなく、どちらかというと早く正確な採点と入力にのみ注力されている。校種によっても状況が違うということが初めてわかった。

いずれにしても、大激論の末、横浜市教育委員会に対して「中川西中学校学校運営協議会委員長名」で意見書を提出することになった。

しかし、1、2ヵ月後に来たお返事は、「横浜市教育大綱に沿って学力・学習状況調査を行っているので、1校だけ受けないということはない」とのこと。電話で「命令ですか?」と聞いたところ、「命令だ」と言われた。

私は「命令であれば、善処してほしい」と伝えた。私の知っている限り、他の都道府県や市町村が行う学力調査は、業者が採点をするところも多く、自校の先生たちが自ら採点し入力するのは採点の公正さという点でも教員の多忙化という点でも疑問に思うとお話しした。そのうえで、神奈川県公立高校の入試が2016年度からマークシートになったのだから、せめてマークシート導入を検討してほしいとお願いした。こうなれば、現場の先生たちの採点業務がかなり楽になる。そのために、マークシート業者の営業マンに市教育委員会へ営業に行っていただいた。今後の善処を期待したい。

「教員の多忙化」と言うが、教育委員会においても業務の見直しを図ってほしいと思う。「毎年やっているから」という理由の仕事は、一度すべて見直したほうがいい。

4月実施の後、教員向けに研修実施

テストの金額1人約3千円（学年ごとに多少の差がある）については、年度初めの教材費に加算して一緒に集金した。そのうえで、4月14日に図書文化社の知能検査、NRT標準学力検査、AAI学習適応性検査、Q‐Uアンケートを全校1千人以上の生徒に受験させた。

5月に結果が返ってきたので、学習指導部長と生徒指導専任による校内研修をすぐに行い、結果の見方と活用の仕方について全教員に伝えた。学習指導部長と生徒指導専任は、図書文化社の方よりテストの見方を伝授いただき、資料を読み込んで、実際に先生たちが生徒の実名の結果を分析して実感を持てるような研修を行った。

初任の先生もベテランの先生も、結果について「へー。すごい!」という印象であった。あとから若い先生を中心に感想を聞いたところ、「自分の日ごろの観察と同じような結果だったので、自信が持てました」「自分の見方と少し違う結果が出ている生徒に関しては、そういう見方もあるんだと気にしながら日ごろの指導に当たりたいと思います」と言っていた。また、ベテランの先生も「昔だったらこんな資料は考えられなかったけど、これから生徒がますます多様になりますし、若くて経験の浅い教員ばかりになりますから……必要ですよね」とのことだった。

このテストの結果を、学年ごと、教科ごとに分析し、日ごろの指導に生かしていくようにした。また、すぐに話し合いの場を持つべき生徒については、特別支援教育推進委員会でピックアップし、今後の対応策をふまえてアクションプランをつくり、家庭訪問などを行い、家庭と話を進めていった。その他の生徒については、中間テスト後の3者面談（生徒・保護者・担任）のときに使えるよう、当日数日前に「調査の見方」の資料とともに結果を家庭に返却した。

カリキュラム・マネジメントとは

カリキュラム・マネジメントとは、「各教科でどんな授業をするのか」や、「学校の地域性や生徒の実態に合わせ、特色あるカリキュラムをどう組み入れるか」という話だけではない。今後は「一人ひとりの児童・生徒に合わせて（アダプティブラーニング）、どのように個別の指導計画を立てるか」がキーポイントとなってくる。

実際、海外などでは、学びのアダプティブラーニング化がかなり進んできている。しかし、日本では、国や地方の学力・学習状況調査だけでは児童・生徒の実態が今ひとつつかみきれない。だから、たとえば図書文化社のテストのようなツールを使うことで、ＫＫＤ（カン・経験・度胸）の学習指導・生徒指導からの脱却が図れるに違いない。ＫＫＤ＋サイエンス――これがエビデンス・ベースの学習指導・生徒指導の第一歩だろう。これによって、塾以上の学習指導・生徒指導が学校で可能になるのだ。

ただ、もちろんこのテストだけで達成するというものではない。教職員が「チーム学校」として一枚岩になっている、即座に情報共有がなされ「聞いていない」ということがない、個々の生徒をきちんと指導できる特別支援体制が学校のシステムとして機能しているかも、大きな要因となる。

こういった取り組みを２０２１年に向けて、いつやるのか？

「今でしょ！」というのが私の答えである。目の前の児童・生徒のために、「いい」と思ったことは今すぐ実践してほしい。

④本当のグローバル人材に必要なこと

グローバル人材を育てるために英語教育の充実は当然のことだろう。しかし、「グローバル人材」＝「英語のできる人」では不十分。これからどんな時代が到来するのかを鑑みると、もっと大切なことがある。

やる気がないのに押しつけはダメ

前職の留学斡旋会社を経営しているときに視察した海外の学校500校の事例をもとに、またリクルートで培ったグローバル人材観をもとに、私論ではあるがお伝えしたい。

私自身、大学は国文学専攻。英語は大の苦手であった。しかし、30歳のときにアメリカのビジネススクールでMBAを取得。当時これからは国際化！と叫んでいた企業に対してこのままコンサルティング営業を続けていくには、私自身が国際人にならなければお客さんの相談に乗ることもできない！と一念発起。やる気になったのだ。

基本的に「やる気になれば何でもできる。しかし、やる気がなければ、いくら教えようと思っても無理」が持論である。のどが渇いていない馬にいくら水をやっても仕方ないのである。

グローバル社会でこれから生き残る仕事

２０１８年の年始に、マレーシア・クアラルンプールにあるプログラミング学校を観に行った。日本の学校で小学1年のときに不適合を起こした友人のお子さんが、６年生からこの学校に通い始めたら水を得た魚のようだと聞いたからだ。

その男の子に「今、何やってるの？」と聞くと、「相対性理論かな？　日本語で言うと」との返事。さらに「今までの数学者はかわいそうですよ。皆、道半ばにして死んでいってるんです。僕の夢は数学者で、先達たちが苦労して行きついたレベルに早く行き、そして少しでも先に進めて、後輩たちに譲っていきたい」とよどみなく答える。彼はおそらく天才であり、アスペルガーである。日本の教育システムでは、彼のような才能が生かされていないと思うと、悔しい。

今、シンガポールをはじめ、アジアはＳＴＥＭ教育、とりわけプログラミングに熱い。エストニアも相当進んでいるらしい。

今後、ＡＩによりさまざまな職業が消えていくが、なかでも①リーダーシップを発揮するゼネラリスト、②いわゆるオタク＝専門職、③地元で活躍するホスピタリティ職の３つの職業以外がなくなっていくだろう。③ホスピタリティ職はいわゆる「愛想のいい子」「気が利く子」である。日本ではこの人材をかなり量産してきた。しかし、この人たちの多くは「ゲームを使う側」とはなるが、「ゲームをつくる側」にはなりにくい。つまり日本では②オタク＝専門職養成が遅れているのである。

今やプログラミングはPython（パイソン）という言語で書かれていて、英語と同等だという。その学校に通う6歳の日本人の子も、初めは英語もプログラミングもわからなかったが、50時間も試行錯誤していると、どんな子でも（たとえ特性の強い子でも）プログラミングのスキルを取得し、結果として英語も多少できるようになるらしい。

そして、自分はゲームをつくりたいのか、それともスマホのアプリをつくりたいのか、ロボットの制御系を学びたいのか、はたまた物理や数学などの学問を突き詰めたいのか――などのタイプに分かれるという。6〜10歳の子たちがどんどんとその世界を極めていくのだ。

アリババのジャック・マーによると、中国では農村でプログラミングを独学で取得し、結果英語もできるような子が増え、学力がどんどん上がってきたという。プログラミングを制する者は世界を制するのだ。小学校でプログラミング教育が入ってくるが、素人が教えたのでは追いつかない。この際一気に英語でプログラミングを、しかもプロに教えてもらうのはどうだろうか？

海外の学校を見てきて

欧米の学校の授業はそのほとんどがＰＢＬ（Project based Learning＝プロジェクト型学習）である。それに対し、日本は学習指導要領に基づいた積み上げ方式である。うまい例ではないかもしれないが、ＰＢＬは「地球環境をどうしたら改善できるのか？地球市民として私たちは何ができるのか？」という問いから始まるのに対し、日本の教育は、理科で二酸化炭素、社会科で公害などを教えて、最後に「あれもこれも勉強したけど、これは地球市民として何ができるかを考えるためだったんですよ」と結論が来る。

ＰＢＬで教えると、生徒の興味・関心は高まる。しかし、教師の力量によってかなりの差が出る。全国津々浦々おしなべて一定のクオリティで教育していこうと思うと、日本の積み上げ方式がよいのだろう。どちらにもよい点・悪い点は必ずあるものである。

興味・関心を引くために企業や地域とコラボレーション授業を

中学校の現場に入ったときに、どうしたら日本の積み上げ方式を生かして生徒の興味・関心を引き出せるだろうかと考えた。そこで、企業や地域の方々を活用し、〝単元に合わせて〟出前授業をしてもらうことにした。

たとえば理科の「遺伝」の単元では、製薬会社の第一線で活躍するゲノム研究者に来てもらい、「現代科学は人を幸せにするのか?」を子どもたちに論じさせる。

また「食物連鎖」の単元では、住宅メーカーの樹木医さんや営業さんなどさまざまな職種の人に来てもらい、実際の校庭の木を観察して「2050年に動植物の4分の1が絶滅すると言われているが、私たちにできることは?」と思考体験型の授業を行う。

このとき大事なのは、教科の先生と一緒に授業を行うということだ。出前授業と言うと先生も一緒に見ている光景が時々見受けられるが、先生も指導案から一緒につくりあげる。まさに、先生と外部とのコラボレーションなのである。

世の中に結びついた出前授業の成果

こういった出前授業の回数は、1~2ヵ月にたった1回あるかないか。おおかたの授業は、従来の「しっかり教え、しっかり引き出す」型である。なぜなら、外部の人は「教えるのが下手」だからだと、私は先生たちに伝えている。

しかしながら、民間人校長として着任以来この方式を実践してきたところ、着実に子どもたちの各教科への興味・関心はついてきている。前任校では、横浜市の学力・学習状況調査で、1年間で関心・意欲が20ポイントもアップした教科もあった。

子どもたちは、「その単元が世の中と結びついている」、つまり「自分の将来にとって価値があり、それを勉強することにより自分に自信がつく」と思った瞬間、スポンジのように吸収していくのだ。

日本ではPBLはむずかしい。しかし、このような方法であれば、日本流の生徒の興味・関心を引き出す授業になるに違いない。しかも、企業はCSRで来てくれるので、費用はタダである。英語云々という前に、生徒の関心・意欲をどう高めるかにもっと注力すべきではないか。

英語の授業をどう変えるのか？

とはいえ、中学校でどの教科よりも授業時数が多いのが英語である。また、小学校でも2020年度から英語が教科となる。英語力をつけさせないと、高校入試や大学入試等で実際に困るのは生徒たちである。

TOEFLのスコアが高かったり、英検をもっていたりするからグローバル人材だ、とは言わないが、それも持っていないとまずいのである。いろいろと教授法を探り、他校にも見学に行って「これがいいな」と思ったのが、1年間で教科書を5周する「5ラウンド」

という方法である。中川西中学校では２０１７年度より、１年生から「５ラウンド」を導入し、たいへん高い効果をあげている。

1年に教科書5周！　5ラウンドとは？

「５ラウンド」とは、元横浜市立南高等学校附属中学校英語教諭で、現横浜市教育委員会国際教育課指導主事の西村秀之先生が開発した教授法である。１年間に、５回教科書を繰り返し、討論方式をとる。従来の授業方法に比べ、「書く・話す」を重視するスタイルだ。

西村指導主事によると、子どもが言葉を習得するとき、言語学的に2つの要素が必要だという。一つはfluency（流暢さ）、そしてaccuracy（正確さ）だ。子どもが小さいときに日本語を覚える過程を想像してほしい。母親など家族の語りかけから、どんどん言葉を覚えていく。それらの言葉がまるでどんどんたまっていくような状態が、fluency（流暢さ）。そしてその言葉たちの泉があふれ出し、文法的にも正しい状態になっていくことをaccuracy（正確さ）という。

小さい子どもが間違った日本語を使っても、誰も「文法がおかしい」「単語の使い方が違う」とは言わないだろう。英語習得も同じことが言えるのだ。初めにaccuracy（正確さ）ありきでいくと、「間違えてはいけない！」という気持ちが先走り、なかなかfluency（流暢さ）は身につかないのだ。初めに「間違ってもいいんだ」という安心感のもと、どんどん英語の言葉を吹き込む。これが「5ラウンド」である。

1周目は、絵を見てリスニングのみ。教科書は使わない。自宅学習用のCDを1枚（約2千円）、一人ずつ購入してもらう必要はあるが、個人的な負担はこれのみである。2周目は音からの単語の並べ替え。3周目は教科書を音読。4周目は穴あき本文を音読。5周目になると、自宅学習も含め何千回も教科書を聞いているので、「覚えろ」と言わなくてもほぼ丸暗記。ピクチャーカードなどを使って、教科書の表現を用いて友だちに説明したり表現したりできるところまでを目指す。

生徒の様子を見ていると、これまでの「チーン……」と盛り上がらない英語の授業ではなく、できる子もできない子も「英語を楽しく学習」している様子だ。落ちこぼれをつくらない学習方法と言えよう。

「英語＝学問」ととらえている方には申し訳ないが、そもそも英語は言葉という単なる手段なのだから、学問的にどうこうとむずかしく考えないほうがいいように思う。その意味で、この「5ラウンド」という方法はたいへん有効である。中川西中学校は今後も2年生、3年生とこの方式で続けていき、3年生では受験に向かって細かく文法を確認していくというようにしていきたい。

埼玉県熊谷市では、市内全中学校16校がすでに「5ラウンド」を実施している。導入前と導入後に英検を受験させたら、導入後のほうがすばらしい結果が出たというエビデンスもある。また、埼玉県熊谷市教育委員会に聞くと、「高校受験にも全く問題がなかった」ということであった。

経済的負担という意味では、生徒はCDの購入、学校はピクチャーカード（ワンセット約4万円）購入という程度だ。それよりも、教員の負担が大きい。これまでのやり方をがらりと変えなければならないので、不安が強いのだ。

しかし、実際に「5ラウンド」を始めると、何より生徒の目の輝きが違う。教員たちは「あの、写経のような単語の書きとりや、チーンと静まり返った和訳の時間を思い出すのもイヤだ。もう後には戻れない」と言う。何のために教員になったのかと言えば、「子どもに、今まで知らなかったことを知る喜び」に触れさせるためではないだろうか。

そういう意味では、教員の負担が増すと言っても、「5ラウンド」で教えられない先生が、これまでの教授法で楽しい授業をできていたはずはないのである。「5ラウンド」なら、西村指導主事が作成された毎時毎時の指導案があるので、そのとおりにやればそれなりにうまくいく。「変えることが怖い」という心理的な要素のほうが強いので、校長が「失敗もOK！」とどーんとかまえれば、きちんとうまくいくのである。

なお、副次的な要素として、「5ラウンド」を導入した学年は、他学年に比べクリティカルな物言いができる生徒が多い。外国語の授業を通して、論理的思考や情緒的ではない物の言い方、また「そうやってもよい」という風土が生まれてきているように感じる。

5 キャリア教育に魂を入れなおす

どの学校も「キャリア教育に取り組んでいますか？」と聞かれれば、「職業講話も職場体験もいちおうやっているから……キャリア教育、しています！」と答えるだろう。現に、2015年度の全国の中学校職場体験実施校は98％を超える（文部科学省・国立教育政策研究所調査）。

しかし、それは「何となく」やっているキャリア教育ではないだろうか？「毎年やっているから」という理由でやっていないだろうか？「教育委員会の実施状況調査があるから」と渋々やっていないだろうか？

かつて30年ほど前、学校が荒れたとき、諸先輩の先生方が「子どもと社会が分断されたのが荒れの原因だ。だからつながりを持たせよう」と職場先を一軒一軒、一生懸命回ってお願いし、生徒たちが地域の事業所に受け入れられ変容して帰ってきた――そのときのような感動はあるだろうか？　努力はあるだろうか？

30年前に比べると、先生たちの業務内容も増え、生徒・保護者は多様化・複雑化し、要望も高度化している。時間がないなかで、先生たちがいまだに職場先を探している学校も多い。「もう勘弁してくれ！」という若手の声も聞く。

しかし、キャリア教育は必要だ。社会とのつながりがない教育は、将来の「生きる力」を育めない。百聞は一見にしかず、だからだ。今こそキャリア教育の方法や考え方を一新し、これまでのキャリア教育にもう一度魂を入れなおすべき時期ではないだろうか？

キャリア教育のグランドデザインを描き直す

まず、「自校でどんなキャリア教育を推進していくのがよいか？」というグランドデザインが大切である。キャリア教育導入当初は、その目的が明確で、カリキュラムもきちんとつくられていたに違いない。しかし時が経つに連れて風化し、当時の想いや方法が伝承されてきていない学校も多いに違いない。ここは初心に返り、グランドデザインを描き直すのがよいだろう。その際、イチからつくっていくのは大変だ。ならば、全国津々浦々のすばらしい事例を調べ、「これだ！」と思うものをそのままマネさせてもらうのがよい。

先達の知見と叡智を生かすのだ。

中川西中学校では、さまざまに調べた結果、同じ区内にある東山田中学校のキャリア教育がぴたっと来た。早速、東山田中学校の校長先生や、東山田中学校コミュニティハウスの館長さんなどに詳しい資料をいただいたりお話をうかがったりして、中川西中学校の今までの流れも生かしたうえで、1年＝職業講話、2年＝職場体験、3年＝地域の方々による進路面接の3本柱を中核に据えることとした。それぞれ方法論は違うが、この柱を据えるグランドデザインは東山田中学校のものをそのままマネさせていただいた。

1年生の職業講話をキャリアチャレンジデーに

まず、着任1年目に、毎年12月に行われていた1年生の職業講話の方法をがらりと変えた。これまでは、1組はパティシエ、2組は銀行員、3組は老人ホーム介護職員……などと、生徒に「どの人の話を聞きたいか」という選択権はなく、1クラス1人の方のお話を聞かせ、感想を書かせて終わり、というものであった。また、多くの学校がそうであるように、講師にどんな話をどのようにしてほしいなどのディレクションもせず、講師任せであった。

それを、名称を「キャリアチャレンジデー」と変え、12人のさまざまな職業人のなかから生徒自身が3人を選べるようにした。「ローカルな生き方」「グローバルな生き方」「びっくりな生き方」の3つの指標に従い、さまざまなジャンルの職業の方に来ていただき、「意志」「役割」「能力」の3つの観点でお話しいただく。

ちなみに「びっくりな生き方」というのは、「自分で自分の肩書きや職業をクリエイトしている人たち」である。これからの中学生は、将来地域で活躍したり、グローバルに活躍したりするのと同時に、「子供たちの65％は将来、今は存在していない職業に就く」「今後10年～20年程度で、半数近くの仕事が自動化される可能性が高い」と中央教育審議会答申（2016年12月21日）も記載している。このことに沿って、自分で自分の職業や肩書きをクリエイトしている人たちも一定数加えることにしたのである。

実際に2017年度のキャリアチャレンジデーでお話しいただいた方をご紹介したい。「ローカルな生き方」は、地域代表として、ちょうど中川西中学校グラウンドの目の前にあるハウスクエアという住宅展示場で働く東急ホームの営業の方。都筑区内の池辺町でこだわりをもって野菜づくりをされている農家の方。元おやじの会会長が経営する老人ホームの介護職員。テレビ「ガイアの夜明け」などでも取り上げられた、地域の秋山木工より若手丁稚の方。「グローバルな生き方」としては、SMBC銀行で活躍されている銀行マン、NHK国際放送でロシアの取材をされている記者、若手IT起業家などにお越しいただいた。

「びっくりな生き方」としては、ご自身を「エレガンシスト」と称され、バレエの所作を使ったマナー等を指導されているマダム由美子さん（テレビ「マツコの知らない世界」にも出演され、明石家さんまさんから〝日本のオードリー・ヘップバーン〟と言われた方）。ドレッドヘア姿で北海道のすすき野でバーテンダーをされた後、「やっぱり法律だな」と一念発起して弁護士になられた飯野恵先生。神奈川県逗子市で30代から市長をお務めの平井龍一さん。父親による虐待→借金→離婚→養護施設→暴走族→傷害事件で逮捕というご自身の家庭環境から「人は一瞬で変われる」方法を伝授されている加藤秀視さん。

これらの方々は皆さんボランティアでお越しいただくのだから、本当にありがたい。

カリキュラムは、キャリアリンク社が無償提供しているキャリアチャレンジデーのビデオや教材をそのまま使わせていただいた。キャリアリンクにはたびたび企業からの出前授業等でたいへんお世話になっていたのだが、「いいカリキュラムがないですかね」と聞いたところ、この教材をご紹介いただいたのだ。

この教材は、文部科学省の復興事業として大船渡で使われたもので、生徒のワークブックのほかに担任向けの指導案、講師が使うパワーポイントの例までついている。何百万円もかけて開発されたものであり、キャリア教育の要素がすべて盛り込まれ、たいへんよくできている。

最も気に入ったのは、担任用に事前・事後の指導案や板書例まであることだ。これにより、学年の違いや初任・ベテランを問わず、一定のクオリティでキャリア教育のカリキュラム編成が持続可能となる。

キャリアチャレンジデーの教材は、キャリアリンク社より無償で使用できる。

http://www.careerlink-edu.co.jp/smile/

3年生は新たに「地域の方々による進路模擬面接」を設定

着任1年目のもうひとつの新たな取り組みとして、3年生対象に11月末に地域の方々57名による模擬面接を行った。これは神奈川県公立高校が面接を必須としていることによる。この年は、第3学年10クラス、380人も生徒がいるので、面接官が集められるのか心配であったが、当時のＰＴＡ副会長に相談したら「イケますよ！」とのこと。方法や注意点については、東山田中学校コーディネーターの方にすべて教えていただいて、実施にこぎつけた。やる気になればいろんな方々が手を貸してくれるものである。

当初、「そんなことできるんですか？　私たちは本当にその場に生徒たちを連れていくだけでいいのですか？」と不安視していた学年の先生たちも、生徒たちがガチガチに緊張しながらもがんばっている姿を見て、これまでの「担任が面接の練習をしても、生徒は慣れているので緊張感が出ない」という悩みが解消された。

11月末はまだ最終的な志望校が決まっていない生徒も多い。志望校が決まる1月に、より綿密な面接練習を教職員全員で別途行うのだが、この時期に「知らない大人と話すことは意外とむずかしい」ということを体験した生徒は、冬休みも含めて練習するであろう。

2年生の職場体験は1日間→3日間に

中川西中学校では、職場体験は1年生の自然教室、3年生の修学旅行の日程が毎年同日開催のため（5月末～6月初旬。修学旅行の日程に合わせて自然教室を行う）、それに沿って職業体験の日程も組む、という流れがあった。その流れに乗って、2年生の職業体験も1日間から3日間に増やせないかと考えた。

なにせ1学年9～10クラスもある学校だ。職場を見つけるだけでも大変である。これまでは、1～5組をA班、6～10組をB班と分け、A班が1日目、B班が2日目に行っていた。受け入れ先にとっては2日間受け入れているのであるが、1日目と2日目で違う生徒が来る。これは事業者にとっても負担が大きい割に、「職業体験」どころか「職場観察」に終わってしまう。上のきょうだいがいる保護者にヒアリングすると、ある整骨院では患者対応に追われ、受け入れ生徒への対応どころではなく、生徒はぼうっと座って時間が過ぎるのを待つだけだったとも聞いた。これでは職場体験とは言えない。

また、これまで中川西中学校では、2年生の先生たちが電話やFAXで授業の合間合間に事業所にお願いしていた。東山田中学校のようにコーディネーターの力をお借りして事業所探しをすることを決意。早速、3年生の面接練習の際に相談したPTA副会長に話したところ、また「やりましょう!」というお返事。この副会長が「一緒にコーディネーターをしてもいいな」と思える方々を4人選出してくださった。

さっそく12月に校長室でミーティングを行い、「来年6月に3日間の職業体験を行うためには!」という目標のもと、戦略を練っていった。受け入れてくれそうな事業所をリストアップし、誰がアプローチするかを決めて、「済」のものを消してはまた候補を増やすというように進めていった。2週間に1~2回、定期的に戦略会議を行っていると、1ヵ月もしないうちに約140ヵ所の職場から「OK」の返事をいただいた。

「これで6月に3日間できるか⁉」と思いきや、当該2年生の学年主任から反発が起きた。「そんなの、いきなりは無理に決まってるだろ!」と言う。地域コーディネーターによる職場探しも初めて。しかも1日間から3日間への変更が本当に可能なのか不安なのだ。「大丈夫」と言っても、聞く耳を持たない。校長室の机をたたき合いながら言い合いの喧嘩もしたが、コーディネーターさんたちから「まあ、初年度ですから私たちも先生方から信用がないのは仕方ないですよ。1年待ちましょう」と逆になだめられた。

着任2年目は9クラス分の職場体験先をコーディネーターさんたちにすべて開拓いただき、3年目にしてようやく念願の3日間開催となった。

ちなみに「職場体験」か「職業体験」かについては、「職場体験」と統一。これも東山田中学校の職業先のパンフレットを借用し、私が簡単なリーフレットを作成。カラーコピー機で印刷もした（**資料4**）。中学生はアルバイトをしたことがないし、見えている職業は本当に狭い。しかし世の中、どこの職場でも「お客様のため」であったり誰かのために、さまざまな工夫を毎日毎日積み重ねて努力している。そんな大人たちを見て感じてもらいたいという想いから、「職業体験」ではなく「職場体験」とした。

キャリア教育推進の極意

キャリア教育を自校で推進するために、3点のキーポイントをまとめてみた。

①他校のよいものをどんどん活用する。マネでOK。

②コーディネーターなど外の力を借りながら「生徒の社会参画」の機会をつくる、という想いで行う。外の力を借りないと、学年ごとの教員が片手間程度にしか準備できない。

資料4

１０年後の社会人　～地域とともに進める中川西中学校キャリア教育

職場体験３日間に向け、事業所の皆様にお願いしたいこと

中川西中学校　　校長　平川理恵

激動の昨今･･･現在の中学生が大人になり働き盛りの20代後半･･･2030年頃の世の中はどんな風に変わっているのでしょうか？絵空事ではなく、文部科学省が2020年に改訂予定の次期学習指導要領には、以下の内容が盛り込まれることが決まっています。

・子どもたちの将来就くことになる職業の在り方が、技術革新の影響により大きく変化する。現在の小中学生の65%は将来、今存在していない職業に就く。 ・今後10～20年程度で、半数の仕事が自動化される。 ・2045年には人工知能が人類を超える。（シンギュラリティといいます）

私たち大人が若かりし時代には、大学・高校卒業した後の就職（就社？）で、はじめて「社会に出る」という感じでした。そして、ごく一部のチャレンジ精神旺盛な人たちが、アントレプレナー（起業家）として業を起こし、雇用を創出していきました。しかしこれからは、自分自身で自分の雇用を創出しないと、“今存在していない職業”は創出できないのです。

学校として子どもたちのためにできること…それは、生徒にたくさんの社会参画のチャンスを作り、その中でどんどん成功や失敗の体験を積んでゆき、大学や高校などを卒業する時には、すでに自分で自分の仕事が作り出せるまでになっている…を目指していきたいと思います。

いま、アメリカのシカゴやデトロイト、ヨーロッパのルクセンブルクやベルギーなどの高校にいくと、高校生は学校にいません！それではどこで何をしているのか？というと、地域や社会等に出て、「職場体験」です。実際の職場をどんどん体験し、実務を積み、うまくいかないことや工夫点を学校に帰って先生たちからアドバイスをもらっているのです。そのほうが、彼らの将来に直接役に立つ、のです。

去年、神奈川県立高校の今後の計画についても発表されましたが、“職業体験や地域でのインターンシップ”を必ず授業に組み込む方向という形が示されました。

文部科学省は中学生においての職場体験は５日間と言っていますが、なかなか中学校現場では、特に横浜では短い職場見学に終わっている学校が多いのが現状です。しかし、是非本校でも２年生が、これまでの１日の見学ではなく３日間の職場体験を実施できないかと考えております。

どうか皆様方のお力をお借りし、実現できたら幸いに思います。
ご協力の程、よろしくお願いいたします。

職場体験 Q&A　**職場体験を受け入れていただく際の事業者様からの質問をまとめてみました。**

【中学生を受け入れることについて】

Q1：受け入れに際して、注意することはありますか？

A：個人情報やプライバシーの保護、人権の尊重などに関しては配慮していただくようお願いします。

Q2：職場見学と職場体験ってどう違うの？

A：職場見学は１日だけ職場の雰囲気だけを感じ、仕事がどのように行われているかを見学します。職場体験は、３日間実際に職場で仕事をさせてもらい、仕事の難しさ・楽しさを体験します。どちらもそれぞれ事業所の皆さんのご協力なくしては実現することのできない、体験型の授業です。また、本校は「職業体験」とこれまで呼んでいましたが、アルバイトもしたことのない中学生が「職業」と聞いてもピンとこないので、業種業態に関わらず「職場」そのものを体験させていただくという事で、来年度より「職場体験」と名前を変更しようと思います。どの職場も、それぞれにやりがいや大変さがあり、お客様などのために一生懸命創意工夫を行っているんだという事が、未来の従業員となっていく中学生に伝わるといいなと思います。どうかよろしくお願いいたします。

Q3：中学生と話すとき、気を付けることは？

A：「どうだった？」というような聞き方をすると、「普通」などと答えることがあります。より具体的な答えを導き出すような尋ね方、例えば「何が一番大変だった？」「最も重要なことは何だと思う？」というような質問のほうが答えやすいようです。

Q4：お客さん扱いすればいいのか、従業員と同じような対応でいいのか？

A：従業員の方や、アルバイトの方々と同じように接してください。仕事を覚えて役に立つことが働く喜びを知ることになります。掃除でも、簡単な作業でも「仕事」を与えていただきたいと思います。

Q5：中学生に関わることで会社へのメリットはありますか？

A：地域での PR 効果が期待できます。今後も地域で暮らす中学生は、成長してアルバイトの担い手となり、購買力を持った成人となります。中学生を応援することは地域の活性化にもつながります。

【受け入れ当日について】

Q6：どんな仕事をさせたらいいか？

A：仕事の内容については事業所の皆さんにお任せするしかありませんが、初めのうちは簡単にできる仕事を与えてください。もしうまくできないときは、ポイントを指摘して、やり直しをさせることも必要でしょう。

Q7：担当者は１日付きっきりでないと対応できませんか？

A：それぞれの事業所で環境は異なりますので、無理のないところで対応していただきますようお願いいたします。

Q8：昼食時、休憩時はどうすればいいのか？

A：通常生徒は弁当と水筒を持参しますので、食べたり飲んだりしてもいい場所を生徒に伝えていただけると助かります。

Q9：何時までに帰宅させればよいのか？

A：夕方５時ごろまでには自宅に帰り着く時間設定をお願いします。

Q10：往復の交通費は支払ったほうが良いのか？

A：交通費は生徒の自己負担としています。必要ありません。

Q11：朝礼等で職場の社員全員に中学生を紹介してもいいですか？

A：社内で紹介していただくことで、中学生も安心するでしょう。ぜひお願いします。

【何かあったら？】

Q12：生徒の遅刻・欠席の場合はどうしたらいいか？

A：学校までご連絡ください。本人の家庭と連絡を取り、学校から折り返しご連絡します。

Q13：体験作業中に怪我をしたり、生徒の体調が悪くなった時の対応は？

A：緊急の場合を除き、まずは学校にご一報ください。

Q14：学校への連絡は誰にすればいいでしょう？

A：中川西中学校　職場体験担当職員までお願いいたします。☎045 - 912 - 1270

Q15：災害発生時の対応は？

A：大地震等の災害が発生した場合、生徒には以下のように伝えてあります。

「実習は中止となります。自宅にいた場合は自宅で避難。移動中や、事業所内では地域の広報車・警察官・消防署員・事業所の人の指示に従い、事業所の人とまとまって移動すること。単独行動はとらない。」

Q16：急に受け入れられなくなった場合、どうしたらいいですか？

A：なるべく早い段階でご連絡ください。当日、生徒は自宅から直接職場に向かいますので、学校にご連絡いただいても生徒と連絡が取れない場合があります。その場合は生徒が職場に到着次第、学校へ連絡するよう伝えてください。

Q17：生徒が失敗した場合、どんな対応が望ましいですか？

A：失敗の内容にもよりますが、さしつかえない範囲でやり直すよう指示してください。仕事には責任が伴うことが学ぶ機会となります。高価なものを壊してしまった場合などは、賠償保険が適用されます。学校までご連絡ください。

中川西中学校キャリア教育

中川西中学校の３年間のキャリア教育は、１年生：キャリアチャレンジデー（職業講話）、２年生：職場体験、３年生：地域の方々による進路模擬面接と、学年ごとの３部構成になっており、３年間を通して「将来への生き方教育」を行っています。

現在、来年度28年度の職場体験のために準備を進めているところですが、学校支援本部のコーディネーターを中心に日本の33業種（表１参照）を基準として様々な業種、様々な職場で体験ができるようお声がけさせていただいているところです。

どうかご理解とご協力よろしくお願いいたします。

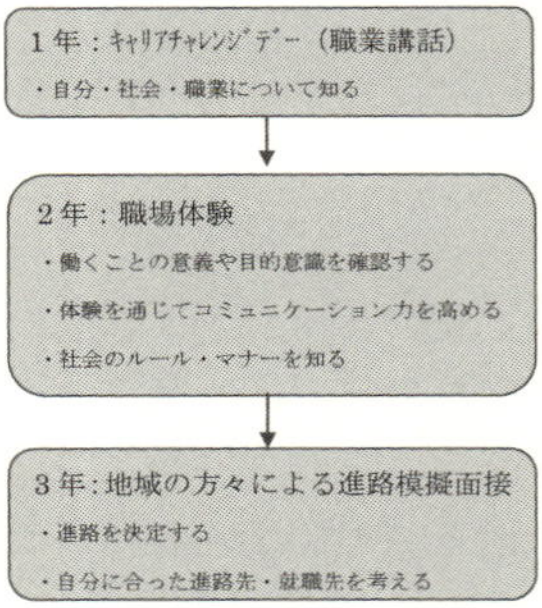

１年：ｷｬﾘｱﾁｬﾚﾝｼﾞﾃﾞｰ（職業講話）
・自分・社会・職業について知る
２年：職場体験
・働くことの意義や目的意識を確認する
・体験を通じてコミュニケーション力を高める
・社会のルール・マナーを知る
３年：地域の方々による進路模擬面接
・進路を決定する
・自分に合った進路先・就職先を考える

（表1）33業種分類

1	水産・農林業	12	鉄鋼	23	空運業
2	鉱業	13	非鉄金属	24	倉庫・運輸関連業
3	建設業	14	金属製品	25	情報・通信業
4	食料品	15	機械	26	卸売業
5	繊維製品	16	電気機器	27	小売業
6	パルプ・紙	17	輸送用機器	28	銀行業
7	化学	18	精密機器	29	証券、商品先物取引業
8	医薬品	19	その他製品	30	保険業
9	石油・石炭製品	20	電気・ガス業	31	その他金融業
10	ゴム製品	21	陸運業	32	不動産業
11	ガラス・土石製品	22	海運業	33	サービス業

大人と中学生のコミュニケーション術

いまどきの

中学生は大人と話すのが苦手なんです。

社会経験が少ない中学生は、家族や学校の先生以外の大人と会話する機会があまりありません。極度に緊張すると、無口になってしまいます。

若者言葉は得意です。

敬語は難しいし、あいさつはしますが、友人同士のおしゃべりは大好きです、度が過ぎたら注意してください。

話を聴いてくれる大人が好きです。

自分から話しかけるのは苦手な中学生ですが、自分の話を真剣に聴いてくれる大人に出会うと感激することが多いようです。機会があったら中学生の話に耳を傾けてみてください、自分のことを生き生きと語り出すかも知れません。

指示をもらえると嬉しいです。

はじめての場所で、はじめての職場体験。だって「バイトもしたことがない」んです。何をしていいのかさっぱりわからないのが、中学生の本音です。具体的な指示を出してもらえると、とにかくやってみようと動き出します。

今の中学生に足りないこと

■規範意識・マナー：一般社会のモラル低下も一因？
■コミュニケーション力：メールやネットの普及により、会話の減少
■さまざまな人との出会い：核家族化、地域交流の減少
■将来の夢、なりたい自分の姿：社会の変化(終身雇用制の崩壊、結婚観、ニート、フリーターの出現等)により、将来像を描きにくい
■実社会についての理解：身近な大人からの学びの機会が少ない

お問い合わせ先はこちらまでお願いします。
中川西中学校　職場体験担当職員
〒224－0001　横浜市都筑区中川２－１－１
Tel:045-912-1270 Fax:045-913-0126
学校ＨＰ：http://www.edu.city.yokohama.lg.jp/school/jhs/nakagawanishi/

「去年もやったから、まあ今年も」などと目的があやふやな学校行事はありえない。
③走りながら考える。とにかくどんどん取り入れていく。しかし、カリキュラムは外から持ってくるなど、職員の負担は最小限にする。

❻キャリア教育の世界事情——国際会議に出席して

２０１７年６月18日～21日にＩＣＣＤＰＰ（International Centre for Career Development and Public Policy）というキャリア教育国際会議が韓国・ソウルで開催され、筑波大学の藤田晃之教授を筆頭に４人で「チーム日本」を組んで現地入りした。招聘された国は22ヵ国。ＥＵやアメリカを中心に、南米やアフリカ、アジアなどの国の教育省・厚生労働省・経産省の人たち、そしてＯＥＣＤなどの国際機関が集結。ほぼ丸々３日間、朝から晩まで英語で話し合うのだ。

２０３０年にはＡＩ（人工知能）、ロボット、自動運転、３Ｄプリント、ナノテクノロジーなどが当たり前になるとされている。そのような時代を目前に、人々は何を幸せと感じ、どのように働き、人生を送るのが望ましいのか？　またその変化をどのように捉えていくのか？　どんなスキルや知識が必要になるのか？　個人のキャリア構築の方法や、職場などの組織・国が行うことなどを、働き方・教育・福祉という多分野にわたって、これまで各国がどんな取り組みを行っているのか？　また今後どのような改革を行っていこうとしているのか？——情報を共有し、次の手を考えていく。

それぞれの国が大変。でもがんばっている

どの国もどの地域も、それぞれ解決するにはむずかしそうな課題が多々あることがわかった。

たとえば、教育や福祉の先進国と言われるフィンランドやノルウェーの人と話すと、確かに国としては大改革を繰り返し行い、そのつどある程度納得できる結果がついてきているそうだが、EUから一定の割り振りで移民を受け入れているため、言葉・文化・習慣等の教育面や、職業教育の雇用面でかなりの支えが必要になっているそうだ。

また、南アフリカなどでは24％もの失業率でとくに若者のやる気がなくなっている。そしてアメリカ・日本・韓国は教育インフレーション（大卒が増え、大学を出ても給与がさほどよくならないどころか、平均給与の半分の給与しかない労働者も増えているという現状）なども問題になっている。加えて日本は急激に高齢社会となり、しかも人口減という

世界でも由々しき問題が横たわっている。

このように各国悩みは尽きず、予算も限られたなかではあるが、みんな本当によくがんばっているんだなということを肌で感じてきた。

日本のよさは地域ぐるみのボランティア

改めて日本の教育のよさを感じた場面がある。各国、キャリア教育を主軸に生き方や働き方についてさまざまな努力をしているが、日本ほど「地域ぐるみのボランティアで学校を支える」という気風の国は少ないということである。しかも、ボランティア（無料）の人材がたいへん優秀！であることには驚かれた。

たとえば地域コーディネーターは、たいへん高度なことが求められる仕事だが、そこを元ＰＴＡ役員はじめ地域の方々が引き受けてくれる。韓国ではＫＲＩＶＥＴというキャリア教育の国立研究所を立ち上げ、どーんとおカネを投じているが、キャリア教育にはお金がかかるので、日本のボランティアの仕組みを聞いて驚いていた。

その点、日本は「子どもたちのためなら一肌脱ごう」という地域の大人が多いことがありがたい。改めてこれは日本のよさだと感じ、ボランティアの方々への感謝の気持ちでいっぱいになった。中川西中学校の地域コーディネーターの方にも伝えたところ、「そうなんですか！　嬉しい！」と喜んでおられた。ぜひ、皆さんの学校のコーディネーターの方々にも「世界でも稀なすばらしさ」としてお話してほしい。

スキルではなく自分の特性を知ることのほうが重要

ディスカッションも日にちが経つにつれ、テクノロジーの変化に即してどのようなスキルや知識をつければよいかが主題となっていった。しかし、やがて「いや、スキルや知識だけではすぐにテクノロジーに追い越されてしまうだろう」と冷静な話にもなった。

今回の国際会議で発言し、他国の人たちにも驚かれたのだが、オランダでアスペルガーの人だけを採用し、ものすごく儲かっている会社があると聞いたことがある。ＩＴ企業なのだが、「このプログラミング開発をお願い！」と仕事を依頼したら、アスペルガーの特性を生かしてものすごい集中力でダダーッと仕事を終わらせるというのだ。

社員同士の会話は、まぁかみ合わないこともあるらしいが、一人ひとりが生かされている。そのためには、「私はアスペルガーです」と、自分の特性をきちんと把握し、採用面接時にアピールする必要がある。自分の特性や特徴を知り、どんな職場や環境で働ければ幸せか、そこを自分で結びつけられれば、寿命１００歳時代であっても、どんな時代になろうが、自分なりの幸福感を得られる大人になるのではないだろうか？

今回の国際会議は、世の中の大変化への恐怖感から、各国が「どうしましょう……」と話し合いを行っていたが、「本当に世界の大変化は恐怖なのだろうか？」と基本に立ち返ったほうがいいように思った。

自分とはいったい誰か——自分の特徴や特性を知り、どのような職場や環境だと挑戦でき、そしてやりがいを感じていくのか。そのなかで困ったことがあれば「Help me!（助けて！）」と言える勇気があれば、どの国にいてもどんな場面でも必ずよい人生が送れるのではないだろうか？

寿命１００歳時代の今、改めて子どもたちに「自分の特性を知ろう」「Help me! が言える人間になろう」と伝えていこうと固く決心した。

3章

「社会に開かれた教育課程」

①管理職に求められることは何か?

次期学習指導要領がめざしている「社会に開かれた教育課程」のためには、授業に外の風を取り込むことがキーポイントとなる。なぜなら、いま目の前にいる子どもたちが大人になる2030年には世の中ががらりと変わっているからだ。

管理職自身が社会に開かれているか?

まず、自分自身への自戒の念も込めてうかがいたい。「社会に開かれた教育課程」を実効あるものとするために何をしたらよいのか?と言う前に、問いたい。「あなた自身が開かれていますか?」と。

個人の特性や性格があるかもしれない。しかし、次期学習指導要領の「社会に開かれた教育課程」の実践には、まず管理職自身が開かれていないとむずかしいと思う。

「社会参画」がキーワード

中央教育審議会教育課程企画特別部会の開催期間中に、委員のお一人である東京大学大学院教授の三宅なほみ先生がお亡くなりになった。お亡くなりになる前の最後の審議で、車いすでいらっしゃり、しゃがれた声をやっとしぼりだされ、三宅先生はたいへん重要なことをおっしゃった。私には遺言に聞こえた。

それは、フィンランドやドイツなどのヨーロッパの先進国、またアメリカのデトロイトやシカゴなど「割とガチャガチャした街（とご本人は表現なさっていた）は、高校に行っても生徒は学校にいませんよ」と。ではどこにいるのかと言うと、地域に出て職場体験・インターンシップをしているらしく、中・高生のカリキュラムに「社会参画」が著しく増えているということだった。

2045年、パソコンが人間を超える!?

それはどうしてか？

今までは、高校→大学と進んで就職（就社？）という成功があった。そして、そのなかでごく一部のチャレンジ精神旺盛な人たちがアントレプレナーとして業を起こし、自分で自分の雇用を創出していった。

しかし、現在、グローバル化や情報化が進展する社会のなかで、子どもたちが将来就くことになる職業のあり方についても、大きく変化すると予測されている。子どもたちの65%は将来、今は存在していない職業に就く（キャシー・デビッドソン氏：ニューヨーク市立大学大学院センター教授）との予測や、今後10～20年程度で、半数近くの仕事が自動化される可能性が高い（マイケル・オズボーン氏：オックスフォード大学准教授）などの予測がある。また、２０４５年には人工知能が人類を越える「シンギュラリティ」に到達するという指摘もある。

このようななか、中・高生の柔らかい頭のうちに教育にアントレプレナーシップを取り込んで、失敗や成功を体験する――たとえば小学6年生用のFacebookをつくったが、保護者が手伝ってもうまくいくわけはなく、そこでまた考え直して大学などの専門教育を受けて、自分の仕事を自分で創出していく――そんな時代なのだ。欧米では、そういう人材を育成していかないと世界をリードし続けることはできないだろうという一部の強い思いがあり、教育改革が行われている。

しかし、日本の中学校・高校はというと、相変わらず一斉授業の板書をノートに写すだけの授業も多く、単元が世の中の何と結びついているかを生徒が感じることができず、学校でクリティカルなアイデアが取り入れられることも少なく、チャレンジ精神も醸成できない環境なのではないだろうか。それが問題なのだ。だから「社会に開かれた教育課程」という提案なのだ。

「チーム学校」と広報の重要性

では、今の何を変えるのか？ カリキュラム・マネジメントにしても、日々の授業にしても何をどう変えなければならないのか？ 管理職はじめ教職員が上述のような世界観を共有し、それぞれがこの世界・この時代を生きる子どもに、学校としてどんな教育課程をデザインすべきかを考えていかなければならない。最も簡単なのは、各単元で一つずつ、出前授業を行ったり素材を貸し出していただいたりするなど、外部の人に協力してもらうことだ。しかし、先生が一人でこんな大きな課題解決をできるわけはない。だから「チーム学校」なのである。

もちろん説明責任もある。今学校が取り組んでいることや、学校が今困っていることなど、「現実」を保護者や地域に広報していくことが重要なのである。チーム学校は、学校の教職員だけではない。学校でどんな授業が行われて、どんな考えやどんな想いの職員集団がいて学校経営がされているのか、「共感」そして「応援」してもらわなければならない。

中川西中学校では、私自ら授業に出向いて取材し、学校だよりに載せている。閉じた世界ではなく、いつも誰かに見られている状況は先生の育成にもつながるのだ。

今すぐできることは、①学校だよりで普段の授業の様子を伝える、②単元のなかに外の風を取り入れる、③〝あなたが変わる〟である。

２ コミュニティ・スクール制度とはいったい何か？

なぜ「地域との協働」が必要なのか？

学校運営協議会制度（いわゆるコミュニティ・スクール）は、２００４年６月の「地方教育行政の組織及び運営に関する法律」の改正により導入された。

当初、「人事権があるからなんだかイヤだ」「具申権で教育委員会を飛び越えて好きなことを言われたらどうしよう」などという心配もあったようだが、十数年経った今、全国約３万５千校（小学校・中学校・高等学校）ある公立学校のうち、学校運営協議会設置校は３６００校（２０１７年４月１日現在）に増え、約１割の学校をコミュニティ・スクールにするという国の目標はほぼ達成された。

アメリカなどでは、個人にSchool Tax（学校税）が課せられており（学校教育の税金と使途が明確）、子どもがいる家庭・いない家庭にかかわらず地域の学校の教育費として税金を払う。日本では、全体の税金のなかから、国と各自治体が学校運営のための予算を計上し支出するので、個人がいくら学校教育費として税金を払っているか明確ではない。学校税だと、教育のために「いくら支払われているか？」がばっちりわかる。

そうなると、個人も、地域の学校に対して当然のことながら意識が向く。「自分の払った税金でどんな学校経営をしているのか？　有意義に使われているのか？」などと学校経営にも関心が出てくるだろうし、「お手伝いに行かなくていいのかな？」と、何らかのかかわりを持ちたくなるものではないだろうか？

2004年の当初、日本では学校はまだまだ社会に開かれていなかった。学校のなかでほぼ完結していて、地域の方々が子どもたちのために学校にお手伝いに行こうにも、どこに連絡すればよいのかもわからず、また学校自体何となくよそ者が入ってはいけない雰囲気があったに違いない。

学校税が導入されている国や地域では、学校には学校経営について報告する義務があるため、学校だよりや学校経営方針、年間計画等をまとめたパンフレットを地域の各家庭に配付している。こうすることで、バザーなどのイベントに地域の人が参加したり、ボランティアをしたいときに気軽に連絡できたりするのだ。

地域の子どもたちのために、コミュニティ・スクールとして学校運営協議会で民主的かつ合議的に話し合いをもって特色ある学校経営を下支えし、また地域学校協働本部によって実働的なサポートをする――これがコミュニティ・スクールと地域学校協働本部の目的である。

学校にとってのメリット

地域が「学校は敵」と見ているというような、よほど特殊な地域でない限り、学校運営協議会は21世紀型の学校に生まれ変わるのに有効な手立てと言えるであろう。また、生涯学習の観点からも、学校と地域がともにこの学校運営協議会と地域学校協働本部のことを学びながら運営できれば、すばらしい社会人教育にもなるであろう。

「特色ある学校経営」を実践したいものの、どうすれば地域や保護者に支援され、しかも教職員が一丸となって取り組めるのか?と考える校長は多いかと思うが、学校運営協議会は基本的な方法の一つであると言えよう。一言で言うと、学校運営協議会は「辛口の友人、最大の応援団」と認識してもらえるとわかりやすいと思う。

というのは、学校経営に対して「こうしてはどうか?」「こちらのほうがよいのでは?」と、学校内では気づかないところに第三者的な立場からさまざま突いてくれるのだ。ときには耳の痛いこともあるかもしれない。しかし、それが校長や教職員に刺激となるのである。そうでないと、お山の大将や井の中の蛙になってしまうのではないだろうか。またときには、校長から教職員に言いづらいことも、学校運営協議会の委員さんたちが代弁してくれることもあるだろう。

学校経営で最も困るのは、不祥事や何かの事件・事故に巻き込まれたときだと思う。普段の学校運営協議会の定例会は、どちらかというと信頼関係づくり。有事のときは、臨時招集をかけて正直に事の顛末をお話しする。すると学校を応援し、ときには守ってくれるのだ。だからこそ、普段の学校経営へご参画いただき、信頼関係をつくっておくことが大切なのだ。

学校運営協議会と地域学校協働本部との違い

学校運営協議会は学校の経営方針等さまざまなことを決めていく、経営に参画するブレーン的な役割であり、地域学校協働本部は地域の教育力の積極的活用をめざす実働部隊である。

ここで注意したいことがある。それは、どちらが上でどちらが下、どちらが偉いというものでは一切ない、ということだ。学校運営協議会が地域学校協働本部に命令するというのはおかしな話である。学校によって、どちらから始まったのか、地域性や校種の違いなどによってさまざま事情はあるだろう。しかし、学校運営協議会と地域学校協働本部はどちらも重要で、「学校にはなくてはならない両輪のような関係」なのだ。それは、学校の教育理念や教育目標に沿って、どちらも「いい！」と思ったことをやるのがボランティアの基本だからである。

ただし、双方の連携・協力を欠かすことはできない。両者へのつなぎ役やコーディネーションは校長の役割だととらえてほしい。

学校運営協議会と学校評議員会、地域連絡協議会、教育懇話会の違い

「うちの学校にはもう学校評議員会があるから、学校運営協議会は必要ない」と言う校長が、今だにいると聞く。ここではっきりさせておきたい。もしそう考えるのなら、それは勉強不足である。学校運営協議会は法律による後ろ盾があり、学校経営を民主的に話し合い、校長の独断と思い込みの経営を防ぐことが保障されているが、学校評議員会は地域の方等が学校運営に関し意見を述べることができるだけの、いわば茶話会のようなものだ。

自治体や地域によって学校評議員会、地域連絡協議会、教育懇話会などさまざまな呼び方がある。しかし、つまりは「茶話会」ととらえて間違いはないだろう。

なかには「学校運営協議会を設置したいが、人選の面で学校評議員会も残しておき、両方開催したい」という学校もあると思う。正直、それでもよいと思う。そのうち落ち着いたら、発展的解消として統合していけばよいだけのことである。

学校運営協議会の設置状況は地域差がある

コミュニティ・スクールの指定状況を見ると、多くの学校を指定している自治体とそうでない自治体とがある。学校運営協議会の設置や委員の任命は、市区町村の教育委員会が行う。つまり、学校運営協議会が設置されるかどうかは、首長や教育長のやる気にかかっていると言っても過言ではない。

ちなみに、学校運営協議会の委員への報酬は年間数千円という自治体が多いのだが、その予算を出せないことを理由に「学校運営協議会を認めない」としている教育委員会もある。本来は、予算の問題ではなく、学校運営協議会が民主的に学校を運営していくことの意義を認識しているかどうかの問題である。

学校運営協議会を設置したものの……

学校運営協議会を設置したものの、「なんだか前の学校評議員会と同じような感じだし、いろいろとめんどくさいことが増えてきたのではないか」と感じている学校もあるかと思う。そのような学校は、もう一度学校運営協議会の意義を見直し、委員の選出や運営方法を再考し、もう一度自校の学校運営協議会に魂を入れなおしてみるべきである。

「これ」という正解はないのだが、民主的に話し合い、学校運営をよりよいものにするには試行錯誤、やり方やメンバーを変えてみるなど工夫が必要であろう。

3 新学習指導要領のコミュニティ・スクール
——今までと何が違うのか？

「地域とともにある学校」とは

新しい学習指導要領は「社会に開かれた教育課程」がキーワードである。これまでの「地域に開かれた学校」をもう一段進めていこうというのである。

たとえば小学校だと、これまで登下校時の見守り、夏休みのワクワクスクール、校庭のグリーンボランティアなど教育課程外のことを外部の方にお願いしていたのであれば、それに加えて教育課程内のことについてもコーディネートしてもらいましょう、ということなのだ。それも地域の方のみならず企業も、さらに日本国内外にかかわらず幅広く目を向けるのが基本である。

たとえば、小学校の家庭科の単元に「お茶をいれる」というものがあるが、地域の商店街のお茶屋さんに来てもらい、ティーパックではなく茶葉でのお茶の煎れ方について出前授業をしてもらう。稲作の単元では、農家の方が地域にいなければ、他の地域とインターネットでつないだりするのも一つだ。

また企業連携としては、小学校低学年の生活科では「お家のおしごと」という教材を提供いただき、雑巾のしぼり方や掃除の仕方等を花王の方に出前授業に来ていただいたり、小学校高学年の「電気」の単元に合わせて、パナソニックの方に電池をつくるという出前授業に来ていただいたり、などがある。児童会の選挙のときは、役所の選挙管理委員会の方に来ていただくのがよいだろう。

そして中学校では、キャリア教育の一環として、職業講話の一部を地域の方々にお願いしたり、職場体験先として地域の商店や企業にお願いしたりすることもあるだろう。また、

3年生は進路指導の面接練習で地域の方々に来ていただくと、先生を面接官役の相手にするのとは違って大いに緊張感を持って臨めるのだ。

さらに、家庭科や美術科など技能教科の授業では、たとえば調理実習やお裁縫で地域の方に安全配慮面でお手伝いをいただいたり、美術の授業で陶芸をするのであれば地元の陶芸クラブの方に来ていただくなど、いろいろなことができる。

もちろん、ご家庭でもある程度は世の中とつながることは可能であろう。しかし、各家庭ごとでは限界がある。学校だからこそ、「ここまで協力してもいいよ」という地域や企業の方々がいるのである。本当にありがたい。外部の力ややる気を大いに受け取り、そして単元に合うのであれば教育課程に取り入れていこう、というのが今回の新しい学習指導要領の趣旨なのである。

学習する学校——地域の人も学び続ける

地域の方々にとっても、これまで学校を防災拠点としてしか見てこなかったのが、教育課程内外の取り組みにかかわり、子どもたちの育ちを支えることによって、自分自身の学びの場となるだろう。

昔から「おらが学校」と言うように、学校は地域社会の中心となっていた。現在では、少し昔とは変わるが、学校を中心とした地域の方々の生涯学習の場、世代を超えた交流の場になっていけばと思う。その意味で、「地域とともにある学校」なのだ。

子どもたちにとっても、知っている大人はおうちの人か学校の先生のみというのでは、豊かなコミュニケーション力が醸成できるとは言えないだろう。その意味で、学校に地域や企業の大人が入るということは、さまざまな将来像の自己モデルをそこに垣間見ることになり、豊かなキャリア教育につながるのだ。また、そうやって地域に支えられて育った子どもは、そうでない子どもに比べて自己肯定感が高いという調査結果もある。

子どもたちを取り巻く環境は、ＡＩ（人工知能）、ロボット、自動運転、３Ｄプリント、ナノテクノロジーなどが当たり前になり、寿命も１００歳を超えるだろう。そのようななか、地球環境をどうするのかという問題は年々深刻となり、そこにおいて民主的な話し合いを経て解決していくことが重要さを増すに違いない。

また、子どもだけでなく、大人も学び続けていくことが重要と考える。学校を核に地域が学び、学校自体が「学習する学校」として進化・発展していくことが必須であり、その中核となるのが、学校運営協議会と地域学校協働本部なのである。

4 学校経営にコミュニティ・スクール制度を生かす方法

まずは校長の経営方針を明らかにする

学校経営にコミュニティ・スクール制度をどう生かしていけばよいのであろうか？

それにはまず、校長自身が教育理念を明らかにし、どのような学校にしたいのか、ミッションとビジョンをはっきり持って、それを明確に伝えていかなければならない。たとえ「仮」でもかまわない。あとから修正すればいいことだ。

ミッションとビジョンがない校長は、リーダーとして失格。「主体的な子どもを育成する」のが今回の学習指導要領の基軸なのに、校長自身が主体的に考えられなくてどうするのだ。

校長として任命された日から数日間、前任の校長やさまざまな人にできる限り話を聞き、学校評価アンケートを読み込んで、校長として着任した4月1日にミッションとビジョンをはっきりと教職員に示す。これが校長としての最も大事な仕事の一つである。

これができない校長は、学校運営協議会をつくっても目的のない世間話しかできないだろうから、学校運営協議会を設立するのは辞めたほうがよい。

第1回目の学校運営協議会は、まず校長の経営方針や想いを委員の方々にきちんとお伝えし、ご意見をいただく。2回目以降は、校長の経営方針に沿って学校の計画がどこまで進捗したか、委員の方々に報告し、相談していく。そのようにしていかないと、校長の明確な経営方針がなければ、そもそも学校運営協議会はまともな話ができる場とならず、時間の無駄となってしまうのである。

学校運営協議会の設立ポイント――「人選」が命！

学校運営協議会を設立するとき、またすでに学校運営委員会が設立されている学校に校長として着任した際、学校運営協議会をどのように有意義なものに変えていくのか？　そのポイントはズバリ「人選」にある。

現在の学校運営協議会は、地域の方のお茶飲み友だち的な場所になっていないだろうか？　もしそうであったら、話題をがらりと変えるべきであろう。人選を改めるべきであろう。お茶飲み友だち的な場が悪いと言っているわけではない。そういう場は、別途必要だ。しかし、それは学校運営協議会の場ではないのだ。

また、現在の学校運営協議会は、校長のミッションとビジョンに沿った人選になっているだろうか？　ありがちなのが、「町内会長というお立場だから委員として外せないけど、この人の独壇場になってしまう」「この人は、全然違う話を始めるけど、周りも何も言えない」という問題だ。

安心してほしい。ミッションとビジョンに沿って話していけば、そういう人は来なくなるものだ。学校運営協議会の場を、喧々諤々話し合う場にしていけば、いつの間にか欠席しがちになるのだ。そして翌年からは、「町内会長も学校のことだけでなくさまざまにお忙しいと思いますので」「全国の学校運営協議会の例を見ると、町内会長さんではなく、学校と町内会をつなぐ、町内会の学校連携担当の方に来ていただいているようです」などと理由をつけて、実際に町内会に学校連携担当を設けてもらい、元PTA会長や元教員など学校のことをよくわかっている人に橋渡しをしてもらえばよいのである。

また、「人選」にも、校長のミッションとビジョンを大きく反映させたほうがよい。たとえば、教職員にも学校運営協議会に出席し、学校経営に参画してもらいたいのなら、委員の上限規定がなければ、教職員を委員としてできるだけたくさん入れればよい。ただし、教職員は本来、委員としてでなくても学校運営協議会に参加はできるので、主任や主幹教諭くらいは参加させたほうがよいと思う。委員であるかどうかは、「議決権」があるかどうかだが、よほど賛否両論意見が分かれない限り、決議をとることは、まずはない。

また、たとえばキャリア教育を学校経営の主軸に据えるのであれば、キャリア教育の外部有識者に入ってもらうべきだろう。あるいは先生の多忙化解消がその学校の目下の悩みであるのなら、文部科学省の業務改善アドバイザー等に入ってもらうのも一つの手だ。小・中連携がキーポイントなら、双方の校長は必ず入れておきたい。多くの町内会があるのなら、いくつかの町内会に絞り込んでおいたほうが話し合いもスムーズだろう。学力向上を標榜している学校のなかには、塾関係者に入ってもらっているところもあるくらいだ。

やり方はさまざま。ただし、学校経営方針に沿っているかどうか、そして学校の経営方針に従って深く切り込み、具体的に手を貸していただけるメンバーとなっているかどうかがポイントである。

人選の点で注意すべきは、「1年ごとに更新」ということだ。学校経営も年々進化・発展していくはずだから、それに合わせてメンバーは必ず変わるということを委員の皆さんにきちんとお伝えし、年度ごとに見直しを図って、必要があれば変えていくことが重要だ。

多忙にならない学校運営協議会の運営方法

学校運営協議会を設置したものの、学校が余計に忙しくなったという話をよく聞く。はっきり言わせてもらおう！　学校運営協議会の際、いちいち書類をつくってはいけない。日頃、何度も授業観察を実施して学校のことを知ってもらうことを通して、応援団になってもらうのだ。細かいアンケートをとって集計し、それをもとに会議室で話し合い……ばかりだと、委員の方々に学校の実際・現実が見えてくるわけがない。実際の授業を観ていただき、普段の様子を知っていただいて、「学校運営協議会＝辛口の友人・最大の応援団」を目指すのだ。

なお、細かい話だが、次回の日程は、その会のときにその場で決める。そうすれば後日、日程調整する必要もない。

また、司会は副校長という学校が多いだろうが、式次第もつくる必要はない。ただでさえ多忙なのだから、学校運営協議会設置の〝形式〟ばかりにこだわってより多忙になるのでは本末転倒ではないか。形よりも実質をとることが、なにより子どもや教職員のためになるのである。

教職員の参加が実際の学校運営に反映される

学校運営協議会でいくらきれいごとを言っても、実際に教職員に浸透していなければ子どもへの教育活動に反映されたとは言えない。

そこで、教職員も年に一度は学校運営協議会に参加する場面をつくるのがよいのではないかと思う。そのための工夫としては、平日の放課後等の時間を活用し、勤務時間内で学校運営協議会の時間を設定すること。それから、校務のある人は途中参加や中座も可能とするなど、少しゆるいかたちで行うことが必須だ。

たとえば、年6回（2ヵ月に1回）学校運営協議会を開催する際の教職員の参加は、**資料5**のようにするのがよいのではないだろうか。

地域支援協働本部のつくり方

地域支援協働本部がまだ設置されていない、もしくは存在はしているもののなかなか機能していない学校の場合は、ただちに設置もしくはきちんと機能させていくことが、子どもたちの豊かな教育活動へとつながる。

地域支援協働本部も学校運営協議会同様、人選が命。まずはコーディネーターの中核になる人を決めよう。しかし、すぐに中心になる人がいなければ、探しながらとりあえず今、必要であろうボランティアをピックアップしてみよう。先生たちに「何をしてもらえれば、もっと助かったり、子どもたちのためになったりしますか？」と単刀直入に聞くのがよい。

新しいことをやるときは、何事も走りながら考えるという姿勢が肝心だし、何よりボランティアの場合、一緒に協働してみないと相手がどんな人かわからないものだ。一度適当に決めてしまって、あとから「やっぱり辞めてください」というより、ここは慎重に活動

資料5

①小学校の場合

開催回	開催月	内容	参加職員
第1回	5月	教育委員会からの委嘱式、 学校運営協議会委員長選出、 校長の学校経営方針プレゼン	
第2回	7月	学校経営方針進捗状況	第1・2学年
第3回	9月	学校経営方針進捗状況 授業評価中間アンケート（1学期）のまとめ	第3・4学年
第4回	11月	学校経営方針進捗状況	第5・6学年
第5回	1月	学校経営方針進捗状況 授業評価中間アンケート（2学期）のまとめ	学年に所属しない職員
第6回	3月	学校評価まとめ	

＊校長・副校長・生活指導専任・教務主任・学年主任・特別支援学級担任は毎回出席

②中学校の場合

開催回	開催月	内容	参加職員
第1回	5月	教育委員会からの委嘱式、 学校運営協議会委員長選出、 校長の学校経営方針プレゼン	
第2回	7月	学校経営方針進捗状況	第3学年
第3回	9月	学校経営方針進捗状況 授業評価中間アンケート（1学期）のまとめ	第2学年
第4回	11月	学校経営方針進捗状況	第1学年
第5回	1月	学校経営方針進捗状況 授業評価中間アンケート（2学期）のまとめ	学年に所属しない職員
第6回	3月	学校評価まとめ	

＊校長・副校長・生徒指導専任・教務主任・学年主任・特別支援学級担任は毎回出席

＊第3学年は進路業務があるため、職員参加は第3学年から行う

しながら選んだほうがよい。

なお、地域支援協働本部を立ち上げる際、本来であれば学校内にコミュニティハウスのような場所があるのが理想ではあるが、場所はなくても組織自体を立ち上げることは可能だ。当分、校長がコミュニティハウスのような役割を果たせばよいのである。

ボランティアとしてとりかかりやすいのは、図書ボランティアだ。地域には必ず本好きの人がいるものだ。その人たちを中心にまずは図書ボランティアを立ち上げてみよう。何をするのかと言えば、まずは図書室の「掃除」。本を全部出して棚磨きから始める。そして次に、図書室の全体レイアウトを変えるなどの改装を行う。おやじの会や地域の方々で「手を貸してもいいよ」と言う人が必ず現れる。レイアウト変更など大掛かりなものは、土日開催などにすると参加しやすいだろう。

次に、図書ボランティアで核となった人を中心に、特別教室から掃除を進めていく。組織としては、地域支援協働本部の学校環境美化部会として立ち上げ、今週は理科室、来週は家庭科室……などとどんどん掃除を進めていく。掃除する場所は、天井・電気・窓枠までとにかく全部だ。スポンジ（「激落ちくん」）とぞうきんを何百枚も購入し、モノを全部廊下に出して、上から下まで磨き上げる。特別教室は、普通教室よりも掃除が行き届いていないケースが大半だ。なかには創立以来全く手を入れていないという学校もあるくらいだ。

この「みんなで掃除」は協働作業に最も有効である。たとえば学級崩壊しているクラスは、保護者会を開いてもなかなか打開策が見出せないが、子どもも保護者も担任も校長も、みんなでその教室を掃除していけば、掃除しながらたわいもない会話が生まれ、相互理解につながる。問題行動が見られる子どもについても、親子で掃除をする様子から家庭でどのように過ごしているかが垣間見え、担任としても理解が深まるものである。2時間ほどの掃除が終わったら、みんなでジュースで乾杯。そのころには和気あいあいとした雰囲気になっているだろう。

そのほか、校庭の花壇の手入れや草ぬきなどはグリーンボランティアとして行う。月に1〜2回のペースで、決まった曜日・時間に校門前に集合し、とりあえず出席はとらずに集まった人数でやってみるのがよいだろう。

より高度なものとしては、学習支援ボランティアだ。掃除ボランティアなどにご協力いただいているうちにご紹介してくださったり、逆に学校から見て「この方は学習支援ボランティアに向いているな」という人が現れるものである。そして、活動を続けているうちに、地域支援協働本部の長になってくださりそうな方が、必ず現れる。

ただし、校長がアンテナを高くしておかなければ気づかない。校長は、ぼーっとKY（空気読めない）ではいられないのだ。ボランティア活動もここまで進化してくると、活動がさまざまに自立的に動いて定例化しているだろうから、校長から地域支援協働本部長に仕事を移管していけばよいのである。

地域支援協働本部のボランティアの募り方

学校としてどんなボランティアが必要なのかが明らかになったら、それぞれのボランティアとして「求める人物像」を考えていく。どんなスキルや知識を持っている人に来てもらいたいか、どんな方々がターゲットなのか、ボランティアの日を何曜日の何時に設定すればよいのかなどを明確にしていく。これもやりながらで十分だ。たとえば掃除であれば、男性にも来てもらったほうが高所作業などをお願いできるだろうから、土日に行ったほうがよいかもしれない。グリーンボランティアであれば、お子さんが学校に通っている間に来てくれる人もいるだろうから、第１・３水曜日の平日昼間、10～12時に設定する、などの工夫だ。

そして、その人たちが「ボランティアしたい」と思ったときにどこに連絡すればよいのかを明らかにしたチラシを作成する。どんな形でボランティアをしているのか、写真なども入れるとわかりやすいだろう（**資料６**）。そのチラシを、町内会などの回覧板とともに

資料6

※ボランティア募集一覧の例

ボランティア	活動状況	応募方法
図書ボランティア 	司書を中心に、毎週木曜日に活動中。図書委員の子どもたちと、図書室の棚磨き、本の整理・修繕、新刊本の告知板作成などが活動内容です。 ＊＊中学校図書室は、児童文学評論家の赤木かん子氏監修のもと、5年前に大々的にリニューアルしました。現在も、赤木かん子さんは時々来校くださり、図書委員会とボランティアのために指導をしてくださっています。現在ボランティアは約8名います。	毎週木曜日のお昼前後に図書室に直接いらっしゃってください。
グリーン ボランティア 	毎月第一木曜日の朝10：00～12：00が活動時間となります。現在、＊＊にお住まいの＊＊さんが中心となってくださっており、PTA環境委員会のご協力も得て、おしゃべりしながらのわきあいあいとした雰囲気での活動です。仕事内容は校庭のグリーン整備で、学区内外問わず誰でも参加することが出来ます。現在、毎回の参加者は10～15名です。	毎月第一木曜に直接いらしてください。ぷらっと来てくださってOKです。
検定ボランティア	年に3回漢字検定を行っています。試験監督＆データの打ち込み、振込が仕事内容です。現在3人の方が関わってくださっています。＊＊お子さんが中学校へ進学された方が望ましいです。	コーディネーター・＊＊さんあて
学習支援 ボランティア	現在、学習ルーム（教室外の別室）では10名すこしの生徒が学習しています。地域のボランティアが2名、学生ボランティアが3名います。	学習ルーム＊＊先生あて
理科室の ★ 実験アシスタント	理科室の備品・道具のメンテナンス、試験管洗いなど、実験のアシスタント	コーディネーター・＊＊さんあて
家庭科の ★ 調理実習補助	家庭科の調理実習のお手伝い。年間2～3回です。現在約10名の方々に関わっていただいています。	家庭科：＊＊先生あて

★　は新たなボランティア

ご質問は・・・

＊＊中学校（Tel ＊＊＊＊＊＊＊）までお問い合わせください。

地域に配付してみよう。同時に、学校だよりにも記事を書いてボランティアを募集する。

しかし、最も有効なのは「口コミ」だ。地域の方に「こういう人を探しています」「こういうボランティア活動をやりますので、お時間があれば来てください」と、どんどんお誘いするのだ。すると、必ずお友だちを連れて来てくれるものだ。

このようなかたちでボランティアを広めていくと、いずれ「地域支援協働本部」として組織になっていく。地域支援協働本部は、器だけつくっても、実働がないと無きに等しい。まずは活動ありきでどんどん進めて、そのうち実働に伴い組織化するのが現実的であろう。

5 ボランティアを学校に入れる際の注意点

ボランティア活動前に自己紹介

ボランティア活動を長く楽しく続けてもらう秘訣がある。それは、「ボランティア活動をしてよかった！」と思ってもらうことである。そう思える瞬間は、仲間や友だちができたときと、そして多少の学びがあるときである。

どんなボランティアでも、初めに輪になって、「○○（地名）から来た○○（名前）です」「○年○組○○××の母です」などと自己紹介の場を設けるとよいだろう。自己紹介をすると、その後はボランティア同士で自然におしゃべりし始めるものだ。少し人間関係ができると、「あの人がいるから、次回も行こう」という気持ちになるだろう。

また、活動終了時にもやはり輪になって「ボランティアをしてみてどうだったか」、一言ずつ感想をいただく。こうやって「自分の思いや感想を話せる場」があれば、ボランティア自身が活動のなかでリフレクション（振り返り）をしてくれるのだ。それが学びとなり、ボランティアは楽しい「生涯学習の場」となり得るのである。

登録制度は危険

地域の方々のなかには、定年後、会社にいたときのように偉そうにしたいのか、「授業をさせろ」と学校に要求してくるケースもまれにある。そんなときは、「今年度はすでに教育課程が決まっておりますので」と理由をつけて、まずはグリーンボランティアや掃除など単純作業をやっていただきながら人柄を見ていこう。

また、ボランティアをそのつど呼びやすいという理由から、登録制度にしている学校もあるが、やめておいたほうがよい。管理が大変だからだ。それに、「登録したのに仕事が来ない」というクレームにもつながってしまう。

組織としては、ボランティアごとに小組織をつくり、そのなかでゆるやかに小さくリストをつくってもらうのがよい。グリーンボランティアのコーディネーター班長、図書ボランティアの班長等、その組織の長にリストを持っておいてもらうのだ。小さなグループでもコーディネーター役ができる方を発掘し、場の雰囲気を壊すような人がいたら次回以降はお声をかけないなどの工夫をしていただくと、スムーズだろう。

ボランティアの定年制度をつくる

ボランティアも長くなると、当人が年をとったり、やたらと門外漢のことに口を出してきたりするものだ。それに、どの組織も長年やっていると私物化する危険性がある。そのような人ではないと思っていても、人間は未来永劫同じではない。立場や状況によって変わるものなのだ。さらに、ずっと同じ人たちばかりだと空気もよどみ、新しい人たちが入りづらくなってしまう。

ある一定の期間で定年制を設けたほうが、新しい人に入れ替わって活性化する。持続可能な地域支援協働本部となるだろう。

4章 「主体的・対話的で深い学び」

① 次期学習指導要領を踏まえ、教育課程の見直しを！

アクティブ・ラーニングとは何か？

そもそもアクティブ・ラーニング（学習指導要領では「主体的・対話的で深い学び」）とは何であろうか？　日本では〝パッシブ〟（消極的、受け身）に対する〝アクティブ〟ととらえられているようだが、欧米人に説明すると「パッシブな学びなんてありえない。学びはそもそもアクティブだ」と言われ、説明に困った。その意味では、日本独特の感覚で使われているが、一斉授業・受け身の授業を何とか変えようとする前向きなとらえであると思う。

未来に生きていく子どもたちにどんな力をつけさせるのか？　そもそも学校とは何なのか？　各学校の子どもたちの状況や地域性に応じてどのように教育課程を編成するのか？

――根本的な問題である。

アクティブ・ラーニングとは、「問題解決的な学習」「体験的な学習」「探究的な学習」「自主的・自発的な学習」「言語活動の充実」「評価」などというキーワードで語られる。中学校の教育現場ではすでに努力してきたことである。

しかし、私が前職の留学斡旋会社経営時に観てきた欧米の学校やバカロレアとは、授業の実際が違うのである。日本の授業は、先生が用意する〝絵巻物〟があり、それを舐めるように単元をこなすものだが、欧米は、「何を学ぶのか」「どんな力を身につけたいのか」を生徒自身が計画を立て、自分でリフレクション（振り返り）する〝積み上げ式〟であるという違いがあるのだ。

教育課程とは何かを考える

学校教育では何を第一優先にするのか？

さまざまな考え方があるが、第一優先は「教育課程」である。部活動は、有効な教育活動ではあるが、教育課程ではない。もちろん、学校行事も特別活動として教育課程に含まれるものであるが、学校行事に教員が振り回されてはいないだろうか？　学活できちんと児童・生徒と先生が信頼関係を結べているだろうか？　生徒会活動は生徒の自治が確立されているだろうか？――再度見直す必要がある。

クリティカルさ（多様的・批判的な姿勢）を大切にしているか？

海外では、クリティカルな考えを身につけることを主眼に置いた教育を行っている。一つの物事に一つの解決策しかない、ということはない。また、複雑な社会のなか、何が正解かわからないことも多い。先行き不確かな時代だからこそ、自分で考え、自分で判断する子どもに育てるには、このクリティカルなものの見方が必須である。

しかし、日本ではいまだに「先生の言うことを聞く」ことが「よいこと」とされていないか？　先生に怒られるからやめておくという「恐怖の指導」となっていないか？　自らの学校運営も含めて自問自答する必要がある。

海外では、このクリティカルなものの見方を育成するために、たとえば〝システム思考〟や〝マインドマップ〟などの「思考ツール」を、小学校のときから授業で何度も取り上げる。１回や２回使ったくらいでは体得できない。場数をこなしてうまく使いこなせるようにするのである。

「システム思考」には、一つの事象があるとき、その前提や原因となっているものには相関関係があり、どこに解決するための「スイッチ」があるかを図式的に探し出しやすいという利点がある（**資料7**）。大きな命題であればあるほど、サークルをきれいに描けず、たくさんのサークルが出現する図になる。それぞれの相関関係を見える化することで、今、関係者に起こっていることや事象を共有化しやすいという利点もある。

子どもは皆、システム思考で考えているのに、学校で別の方法を教え込んでしまうため、いつの間にか直線的な、あるいは多様ではない考え方になってしまうとも言われる。「先生の言うことさえ聞いていればいいや」は危険である。「指示待ち人間」にシステム思考はできない。学校現場の一員として注意したいところだ。

「マインドマップ」は、トニー・ブザンというイギリス人が開発した思考法だ。表現したい概念の中心となるキーワードやイメージを中央に置き、

資料7

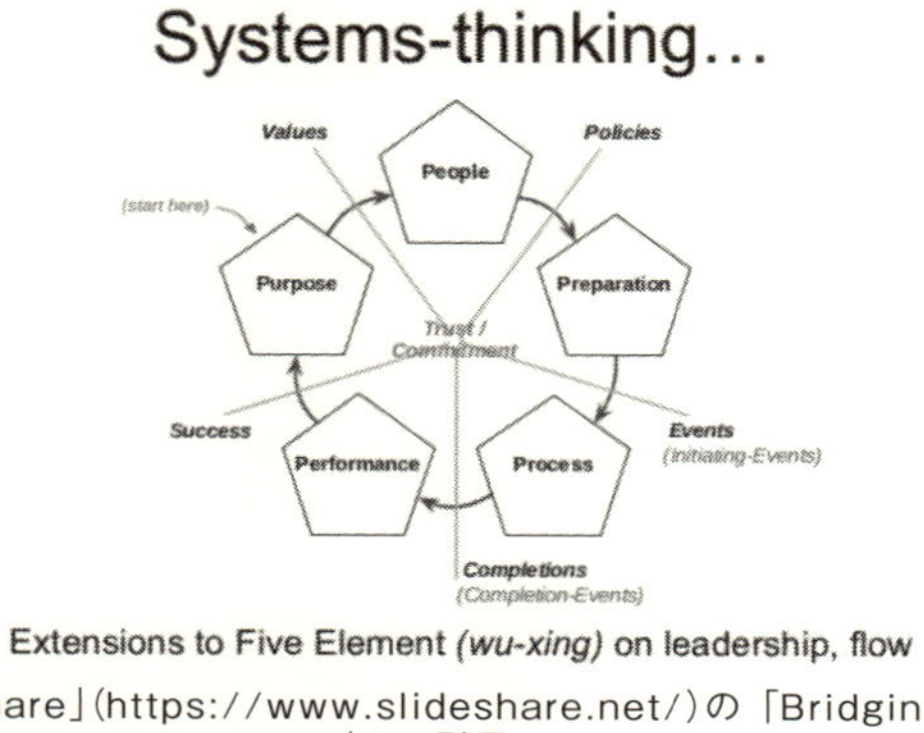

※「Slide Share」(https://www.slideshare.net/)の「Bridging enterprise-architecture and systems-thinking」より引用。

そこから放射状にキーワードやイメージを広げ、つなげていく（**資料8**）。日本人は考えるときに、よく文字を上から羅列していくが、実際の人間の脳はネットワークであり、マインドマップの書き方と同じであるので、意味記憶の構造によく適合して理解や記憶がしやすいと言われている。小学校の教科書でも取り上げられているので、感度のよい先生は授業にガンガン取り入れているが、ほとんどの学校ではさらっと流す程度であまり子どもの記憶にもないかもしれない。

その他、ＫＪ法（まず付箋にアイデアを出し尽くし、カテゴリー化させる）など、多くの思考ツールがあるが、はたして日本でどれくらいの学校がどれくらいの頻度で学校教育に取り入れているだろうか？　社会に出てビジネスマンになればよく使うこれらの「思考ツール」を、子どものうち

資料8

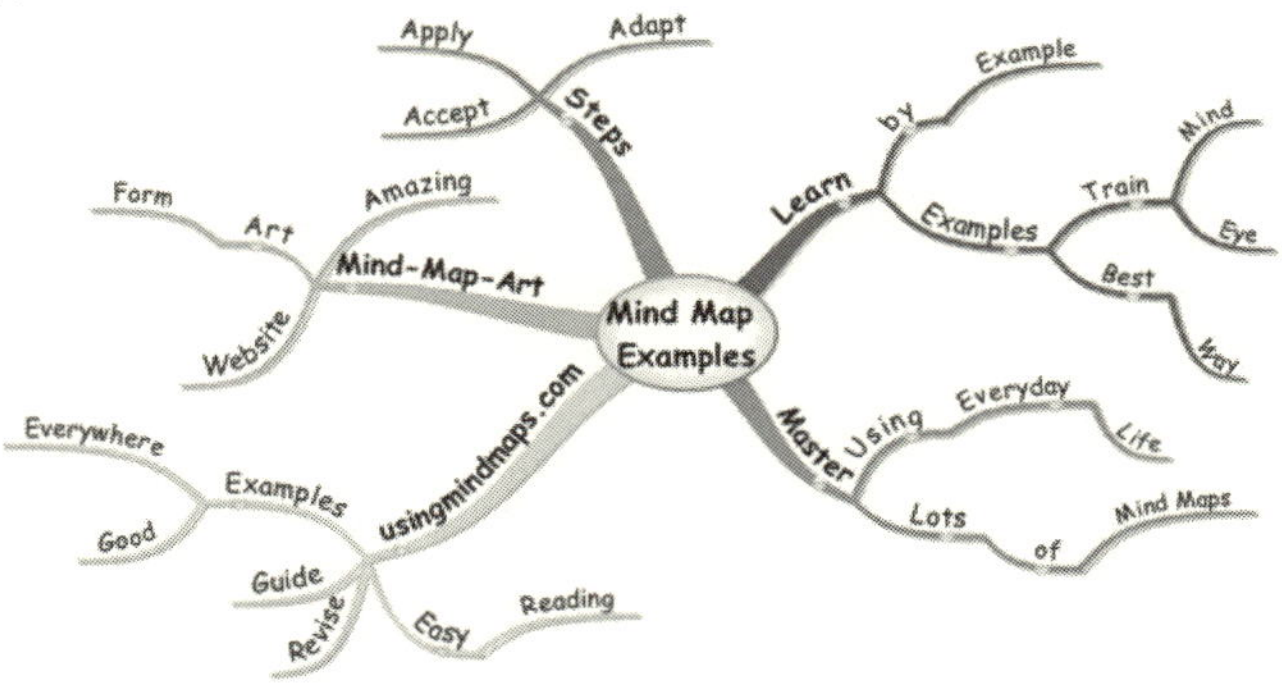

※「USING MIND MAPS」(http://www.usingmindmaps.com/mind-map-examples.html) より引用。

に自分のスキルとして取り入れておかないと、海外の教育を受けた子どもとの差がつくのは火を見るより明らかである。

各教科・各単元でも見直しを

また、各教科の単元ごとに「どんな力を身につけさせるのか?」「何を主軸にするのか?」を見直す必要もある。たとえば、技術科でコンピュータの単元がある。中川西中学校でも、茄子の栽培報告レポートを、技術科でWordで作成させていた。しかし、ビジネスの友人に聞くと、最近はWordなんて使っていないと言うではないか! なのに学校ではいまだにWordを教えているという現実がある。

アメリカのコンピュータの授業は、何年も前から〝コンピュータを使う〟という授業ではなく、プログラミングやコンピュータを「制御する」感覚を子どものうちに養うことを目的としたものだ。考えてみると、今や回転寿司屋でも、お皿についているICチップとビックデータの解析で、1分後と15分後に握るネタを決定し廃棄量を減少させているし、トヨタ自動車も自動運転を開発し実現可能になってきている。また、近い将来荷物を運ぶのはドローンである。そうなるとドライバーはもういらない。

そのような時代にいったい何を教えればよいのか? 教科や単元のツボ、おさえどころが変わってくるのではないだろうか？　教科会や教育課程編成委員会等できっちりと時間をとって話し合う必要がある。

今すぐできること＝教員自身がアクティブ・ラーニング

中川西中学校で注力してきたのは、教員自身のアクティブ・ラーニングを支援することだ。具体的には、各教科・各単元に外の風を採り入れるということで、出前授業を多く行った。

そして図書室を大改装し、子どもたちが知の探究をできるようにした。これから、「本で調べて報告書を書く＝調べ学習」は必須である。何年も手をいれておらず古くさい本が並んでいるカビ臭い図書室ではそれができないのだ。

さらに、特別支援教室を設置した。これは、一般級でも特別支援学級でもない、公立学校のなかにあるフリースクールである。あるいは、校内通級と言えばよいだろうか。特別支援教室で生徒目線の教育課程を組んでいる。

また、ＩＣＴは教育委員会からの配当を待つことはない。前任校でもApple社から無償提供いただいたが、中川西中学校ではＡＲを用いた「ＩＣＴ修学旅行」を試行しようと、ＪＴＢ×東京書籍に無償提供していただくことになった（これはやってみたものの、結果として生徒たちは班活動で京都を周ることにせいいっぱいでＩＣＴどころではなかったので、次の年からはやめた。アクティブ・ラーニングにはトライ・アンド・エラーが必要である）。

グローバル教育では、博報財団の支援を得て、10人の生徒と教員がオーストラリアへ留学に行き、また10ヵ国44人の日本語を学ぶ海外中学生が中川西中学校に体験入学に来た。もちろん無償である。

これらは「民間人校長だからできる」というものではない。私だってこの職に就いてからの人脈だ。「社会に開かれた学校」にしていけばどんどんお声がかかるし、アンテナを高く張っていれば無償提供のものなんて世の中にたくさんあるのだ。博報財団の活動は、関東圏の全中学校にダイレクトメールで送られてきた案内で知った取り組みだ。

何より校長自身、また教員集団がアクティブ・ラーニングしていないことには、児童・生徒にアクティブ・ラーニングは与えられないだろう。視野を広く持ち、理想の教育に近づくよう、また教育委員会からの配当を待つのではなく、自分から必要な資源を取りに行くようなアクティブな気持ちが必要である。そして、抜本的に今の教育課程を編成し直す必要がある。

2 図書室改革をして主体的な学び＝知の探究へ整備する

図書室改革のいきさつ

前任校でも図書室改装を行った噂を聞きつけてか、中川西中学校への着任早々「うちでも図書室改装をやりますよね？」と保護者たちから声をかけられた。

前任校では、着任1年目の年末年始に、児童文学評論家の赤木かん子さんにプロデュースしていただき、5千冊を廃棄。図書室のレイアウト、そして図書室のあり方そのものをガラリと変えたのだ。

「図書室改革をしたい！」と思いつき、ネットで検索したり本を読んだりした結果、最もしっくり来たのが赤木かん子さんだった。早速、赤木さんのホームページからお問い合わせメールを出してみたところ、すぐにお返事が来て「とりあえず来週見に行きます」とのこと。思い切って問い合わせたら、大半は意外とOKをくださるものだ。校長は「ダメ元でもアタック」の姿勢が大切である。改革の結果、生徒数600人の前任校で、図書室は昼休みに120人もの生徒が来る人気スポットになった。

中川西中学校でも同じ手法で図書室改革を行おうと思った。幸い保護者はやる気になってくれている。あとは教職員だけだが、図書室改革に反対する教職員はあまりいない。「主体的・対話的で深い学び」を実現するためには、図書室が最も改革しやすいとも言える。校長としてここをやらずしてどこをどう改革するというのか。まずはぜひ取り組んでほしい。

そもそも図書担当の先生も、「1人では図書室改装なんて無理」と思っている。また、各学校・各地域の図書予算にもよるが、たとえば100万円の図書予算だとおおよそ800冊買えてしまう。それを図書担当の先生だけで選ぶなんて至難の業である。

いくら司書教諭の資格を持っていても、毎日毎日200～250冊の新刊本が世に出される。それをすべてチェックして、どの本が中学生向きかなどと選ぶ時間的余裕もないはずだ。「校長がやってくれてありがたい」と思ってくれる。

ただし、改装前は何も言わなかったのに、本を破棄した後で「あの本がない」「この本はどこにいった」と古くて汚い本にこだわる図書担当の先生もいる。ここは「では、買い直しましょう」くらいの勢いで押し切ってしまったほうがよい。反対を怖がって、結果的に昼休みにほとんど生徒が来ない図書室よりも、図書室が人気スポットとなり生徒が本に親しんでくれるほうが、図書室のあり方としてもよいに決まっている。

子どものうちに身についた読書習慣は、その子の生涯に豊かさを与える。すべての子どもの保護者が読書習慣を与えられるのならば必要ないが、現代という時代だからこそ、家庭環境がどうであってもどんな子どもでも読書習慣を身につけられる可能性のある学校図書室の責任は、たいへん重いのである。

図書室改装費はいくらかかる?

図書室改装費は安くて数万円だが、もちろん上限は高ければ高いほどよい。前任校では予算がなく、図書室改装費トータル5万円を公費から捻出した。しかし、中川西中学校ではどうしても赤木かん子さんにもお礼がしたかった。そして次のようないきさつでお金を捻出できたのだ。どうにもむずかしい場合は、地域や地元企業等に寄付を募るのもよいかもしれない。

まずは「お金がどこかから出ませんかねえ」と副校長に相談してみる。副校長は「うーん」とむずかしそう。次にPTA会長に相談してみる。PTA会長は会計士なので、PTA会費の使い方についてもよくわかっておられるし、よいアイデアをくださる。「同窓会費というものがあります。今年25周年だから、それに関連づけて使うのはどうですか?」とのこと。すぐに、歴代PTA会長にお集まりいただき、趣旨を説明したところ、「生徒たちのためになるなら」と賛同くださった。お金も100万円近く出そうだ。よし！やろう‼と流れに弾みがついた。

赤木かん子さんに来てもらったのは、中川西中学校に着任してすぐのゴールデンウィーク前。赤木さんのご予定としても、また教職員への周知期間も考えると、7月第1週の土日に改装作業を行うしかない。そこまで2ヵ月。今回の赤木さんのご指令は、すべての本箱を白に塗り替えること。中川西中学校の図書室は、生徒数1千人以上の学校としては、普通の学校の図書室くらいの大きさしかなく、狭すぎるので、少しでも広く見せるためである。ＰＴＡのボランティアの方々が買って出て、すべての本箱を白いペンキで塗ってくれた。本当にありがたい。

改装当日。ボランティアは2日間学校を「出入り自由」とした。赤木さんのホームページにもボランティア募集を載せてくださり、また中川西中学校でも図書委員会の生徒たち、おやじの会やＰＴＡの方々にお声かけした結果、2日間で250人ものボランティアが集まった。

本を読むということは、「主体的に選ぶ」ということ

図書室は、前任校同様、男子目線に合わせた。学校図書は通常国語科の教員が担当して

いることが多く、ファンタジーの類の本が多くなりがちだが、そうすると本好きの女子しか集まらない。社会学や科学などリアル系の本を多くとりそろえると、男子が集まる。1冊数万円もする本でも思い切って買う。家庭では買わないからだ。

蔵書数は度外視だ。ここは中学校の図書室。中学生の興味・関心を引きそうな本を、「TSUTAYA代官山店」をモデルにディスプレイするイメージだ。それ以上の専門性の高い本は、近隣の都筑図書館に行ってもらえばよい。学校図書室の蔵書数は、多ければ多いほどよいというものではないのだ。誰も読まないような本は買わない、置かないのが鉄則。カビの生えたような古い本も、誰も読まないので思い切って廃棄するべきだ。

ときどき「廃棄するには教育委員会の許可がいる。だから捨てられない」と、古い本を何十年も置きっぱなしにしているという校長がいる。よく、調べもしないでそんなことが言えるなとあきれ返る。きちんとプロセスを踏めば、できないことは何一つない。図書室をはじめ、学校は断捨離が必要なのだ。そうでないと、新しい本を買っても置くところがない。ギチギチに置いては、生徒は取り出す気さえなくなってしまう。

本は、「その著者のフィルターを持ちたい」と思って読むのである。そうしながら、子どもたちは成長とともに自分のフィルターを確立していく。誰に好かれようが、嫌われようがそのようなことに左右されずに、自分で自分の人生を主体的に生きていく――そう思える力が養われるのだ。その主体性こそが、「主体的に学ぶ力」につながっていくのではないだろうか。だから図書室は大切なのだ。

図書室を中心とした各教科・領域とのつながり

どの教科も、図書室を中心とした読書活動によって探究的な学習が支えられている――そんな姿が理想であるし、これからの新学習指導要領では必要としている。

「好きな本」を読むだけでなく、授業で習ったことが進化・発展した類似図書が図書室に展示されていたり、社会科や理科、音楽や体育など教科学習のなかでも年に何回かは、「本で調べて報告書を書く」という、司書による「調べ学習」の授業を行ったりしたい。

中学校では司書にも教科会に出てもらい、どの単元のどのテーマで調べさせるのかを話し合っておくべきである。司書は、それに沿って必要な本を市立図書館から借りておくなど準備をする。

さもないと、大学生や社会人になっても「ウィキペディア丸写し」のレポートしか書けなくなってしまう。ネットは誰が書いたかわからない、保証のないものだ。一方、本は著者が明示され、出版社が責任をもって編集した、お墨付きのある情報なのだ。ぜひ小・中学校で、本で調べて報告書を1時間で仕上げられるような授業をしてほしい。これも生徒は場数を踏むことで、報告書の一つくらい50分のなかでできるようになるものだ。それこそが、今後21世紀の子どもたちがつけるべき力のひとつではないだろうか。

5章 特別支援教育・合理的配慮

1 時代の潮目——生徒指導が変わる

今が時代の転換点

『パラノイア（超心配性）だけが生き残る——時代の転換点をきみはどう見極め、乗り切るのか』（アンドリュー・グローブ著、佐々木かをり訳、日経BP社、2017年）という本を読んだ。この本によると、世界の動きがますます早くなり、「10Xの変化」が以前よりも短い期間で現れているというのだ。どんな業界であっても時代の転換点があり、個々の人生をも変えてしまう。例外の業界は、ない。この本を読んでまさに感じたのは、「われわれ公立学校における時代の転換点は、〝今〟なのではないか」ということだ。

座間9遺体事件等、不可解な事件が多すぎる。自殺がテーマのテレビドラマも、生徒たちへの影響が心配である。また、福井県池田町で起きた中学2年生男子生徒の自殺以降、じている。

「指導死」という言葉もマスコミ等で取り上げられるようになった。

貧困率、ひとり親家庭の割合、特別な支援が必要な子、ＬＧＢＴ、色覚障害、吃音、アトピー、アレルギー、喘息等々、教師は教室にいる子どもたちの多様性に思いを馳せなければならない時代だ。明らかに今年あたりから生徒指導・生活指導の潮目が変わったと感じている。

特別支援教育・合理的配慮を学校経営の主軸に

しかし、校長たちや教育委員会の上層部は、いまだ〝ヤンキー対応〟の成功体験から抜け出せていない。特別支援教育・合理的配慮を学校経営の中心に据えないと、そろそろまずいと思う。

私が中学生くらいのときは、ナメ猫やヤンキーが花盛り。学校の窓ガラスは当然ないし、煙草やシンナーを吸う友人たちもいた。しかし、最近はそのようなやんちゃで元気な中学生が、とんと少なくなった。とにかくおとなしいのだ。そして、外でバリバリ悪さをするより、不登校に始まり、ＳＮＳ内のトラブルや、自傷行為・自殺未遂など、とにかく内へ内へとこもっていく。何か起こったときにはびっくり！「え？　あの子が？」「どうして？」――知らぬは大人ばかりなり、である。

ヤンキー対応だけでは時代遅れ

若い先生たちは気づいている。「もうこんな対応では済まされない」と。若い先生であればあるほど、弟や妹がまだ中学生だったり、自分に小さなお子さんがいるから、情報が入ってくるのだ。しかし、校長や教育委員会上層部は、子育てがすでに一丁上がり！の人も多いうえに、自分自身が今までに培ってきた生徒指導のやり方に〝こだわり〟がある。いまだに「ヤンキーと3日3晩一緒にいてやって更生させた」などと恥ずかしげもなく武勇伝を語る人もいる。

はっきり言って、こういう類の生徒指導は絶滅危惧種と思ったほうがよい。絶滅危惧種だからまだ存在する。しかし、すでにこのやり方だけでは、時代遅れなのだ。

「教室に戻れ」はセンスなさすぎ

いまだに「遅刻したら、職員室に行って挨拶をしてから教室に行け」という学校もある。不登校生徒になぜそのような高いハードルを課すのか？　学校は軍隊ではないのだ。しかもそんなに教職員はえらいのか？と不思議に思う。

せっかく特別支援教室（別室）を設置しても、先生は、空き時間ごとに入れ代わり立ち代わりしている――何とか教科で工夫して、完全なる別室専属をつくるべきである。それもピカイチの先生を置く。

不登校生徒が意を決してガラッと別室のドアを開けたまではよいが、嫌いな先生がいようものなら、「もうこんな安心できない場所に二度と来るか！」と心に誓うだろう。本気でその学校は不登校問題を解決したいのか?と疑う。不登校生徒の気持ちを考えられない（空気読めない）教員に、不登校問題は解決できない。

別室で学習するために保護者と生徒本人の3者面談をしたとき、「ま、そのうち教室に戻れることを目指して」などと間違ったプレッシャーをかける校長もいる。

はっきり言おう！　教室に戻れたら、その生徒は幸せなのか？　教室に戻ることがその生徒の人生や将来にとって必要なのか？　ネット上で仕事をしたり、会社に行かないノマド的働き方が今や世界の主流になりつつあるのに、だ。

「教室に行かなければならない」は教員の思い込み

何のための学校なのか？　生徒の将来や人生にとって、全くの不登校になって世の中と遮断されるより、週に数回・数時間だけでも、40人のクラスではないかもしれないが、少人数の特別支援教室に所属し、そのなかで少しでも必要な社会性を身につけられるチャンスがあることのほうが大切なのではないか？　一人ひとりの自己実現の支援が必要ではないのか？

「学校は教室に行かなければならない」というのは、教員の単なる思い込みである。「教室で全員そろったら満足」は担任のエゴだ。日本以外の学校を観たら、「教室に行くことが義務だ」と子どもに圧力をかける日本の学校が、どれだけばかばかしいかと思う。

かわいそうなのは子どもだ。子どもはまじめだ。だから、先生の言うことをできる限り守ろうとする。しかし限界に来て、「先生の言うことが正しくない」と思ったら、シャッターをガラガラと閉めて、学校に行くことをボイコットする。それが不登校の一つのかたちだ。そして、友人関係や親子関係で絶望を感じたとき、自らの命を断つ子どももいる。そろそろ学校は古い考えを捨てなければならないときが来た。

言い訳せずに、1ミリでも動かす行動を

中川西中学校では、教職員定数法で人の加配もないまま、校内人事で工夫して、別室専属を2人生み出し「特別支援教室」を設置。公立学校のなかにフリースクールをつくった。結果、設立1年半で、30人近くいた不登校生徒は1人まで激減した。

昨今、この子は貧困、この子は発達障害……とその子の持つ特性や必要な支援の種類を

きっぱり分けることはできない。複合的で複雑なものだし、程度の差があるばかりでなく、時間や発達に伴ってその子の状況は変わるからだ。そのようななかで、特別支援教室の設置は、不登校問題のみならず、発達障害・学習障害、貧困問題、いじめ問題等、さまざまな問題を解決する。

中川西中学校のこの取り組みが他校にもどんどん広がり、1人でも多くの子どもが不登校や発達障害・学習障害の苦しみ、貧困問題、いじめ問題から解き放たれ、その子らしい人生が送れることを切に願う。

全国からこの教室の見学に来ていただいているが、なかでも富山県黒部市は教育長のご英断により全小・中学校で同じような取り組みをすることが決まり、教育委員や多数の校長が何度かに分かれて見学にいらっしゃっている。そのほか、秋田市、福島市、浜松市、鳥取市、奥州市など遠方から心ある校長や特別支援教室専属教員などが見学に来てくれ、少しずつ取り組みを試みてくださっていると聞く。本当に嬉しい。

「人」がいないのはどこも同じ。加配や予算を待っていたらいつまで経ってもできない。「結果にコミット」しなければ校長として失格である。1ミリでも動かす行動！　半歩でも踏み出してほしい。

②公立学校にフリースクール設置

不登校のとらえ方

不登校生徒への対応は、担任が、多忙な部活や行事準備などの合間を縫って家庭訪問をするものの、その効果は薄いのが現実ではないだろうか。担任だって、学校に来ない生徒への対応よりも、目の前の生徒指導や保護者対応、差し迫った行事準備を優先してしまい、「ああ、今日もあの子の家庭訪問ができなかった」と良心の呵責にさいなまれているのだ。担任は何でもできるスーパーマンではない。それに加えて昨今は、任用5年以下の経験の浅い若手教員も増えている。不登校生徒への対応は、学級経営もままならない若手には難易度が高すぎるのではないだろうか。

はっきり言おう！　そんな片手間の取り組みでは、不登校問題はいっこうに解決しない。学校組織全体として、管理職が「不登校問題を解決する！」と決意し、そして「結果にコミット」しなければならないのだ。

ポイントは、①教職員のマインドセット、②人・場所・生徒個々のカリキュラムづくり、

③週1回の特別支援推進委員会の開催である。

何かを変えるとき、人は必ず「○○がないからできない」と理由をつけ、あきらめる。そこを「できるとしたら」に置き換えて、教職員全員で考えていくことが肝心である。

ゼロ年度——準備と教職員のマインドセット

前任校は生徒数約650人の学校で、着任したときに不登校・不登校ぎみの生徒は、15~16人いた。横浜市立中学校の不登校率は3・2%であり、多くも少なくもない。しかし、その一人ひとりを細かく見ていくと、そこに生徒本人の痛みがあり、家族の苦しみがある。不登校からひきこもりに至って大人になるケースは多く、福祉費の増大につながりかねない。何よりも本人の人生を考えると、人と人の間と書くのが「人間」なのであれば、自己有用感が高まらず、社会との関係を断絶するひきこもりがよいわけがない。

前任校でも、一般級でも個別支援学級（特別支援学級）でもない「特別支援教室」という別室をつくり、異動時には「不登校生徒ゼロ」になるという実績があった。実践してみて、「居場所」と「常駐の教員」とその子に合った「カリキュラム」——この3点セットがあれば、生徒は必ず学校に来ると実感した。だからこそ、前任校と同じように中川西中学校でも「特別支援教室」をつくりたい、と思った。しかし、着任時は前任の校長先生が人事を組んでしまっているし、1学年9~10クラスもあるマンモス校で、空き教室は全くない。

着任1年目、「特別支援教室設置」の「ゼロ年度」として、準備や教職員のマインドセットの研修の時期とした。まずは副校長や特別支援教育コーディネーターに集まってもらい、前任校の取り組みを話してみる。しかし、「うーん、話はわかるんですけど、人はどうするんですか?」「なんだか想像がつきません」と言う。それなら一度、前任校の見学をさせてもらおうということで、5月に副校長と特別支援教育コーディネーターに出向いてもらった。

その結果、「なるほど! このやり方なら生徒は確かに来ます!」と、専属経験のある副校長は合点がいった。特別支援教育コーディネーターも、「毎年秋に特別支援教育の校内研修をするのですが、今年はこの中学校の特別支援教室の先生に来てもらって、全教職員に話していただくのはどうでしょう?」と言う。このように、組織も使いつつ、教員一人ひとり個別撃破で攻略していった。

生徒指導部は「そんな『さぼり部屋』みたいなのをつくってしまって、『授業に出たくないから、そこに行きたい』なんて怠惰なやつが集まったらどうするんですか?」と言ってきた。想定内の反応である。「いえいえ。特別支援教室はたくさん勉強させられますから。

怠惰なやつは来ないですよ。前任校でも来ませんでした」とひざをつきあわせ話す。

特別支援教育と生徒指導――「合理的配慮」が必要とされる現代の学校現場で、教員のマインドセットが必要だ。また「合理的配慮」から見て、生徒一人ひとりの状況に合わせてそれぞれに必要な支援をするのが「平等」であるのだが、これを「支援の強弱があるのは『不平等』だ」という、昔ながらの生徒指導の考えに縛られてしまっている教員もいまだにいないだろうか。全員に同じものを同じだけ支援することが「平等」ではないのだ。

ゼロ年度――「場所」の用意

まずは「場所」の問題である。特別支援教室をつくろうにも空き教室が一つもないという状況だったが、どうやら翌年は1クラス減りそうな雰囲気。そこで、「本棟と少し離れている、図書室の前にある部屋はどうか」と副校長が言ってきた。そこなら裏門からサッと入れて、昇降口を使わなくてもよい。

「学校に行きたくない」という生徒を来させるのだから、なるべく学校っぽくないようにしたい。ＰＴＡのボランティアと、壁を白く塗るなど教室を模様替えすることにした。ＰＴＡから27年度は20万円いただき、ニトリで一つ千円の洋服かけを購入。お母さんたちに、かわいい布がかかっている目隠しパーテーションをたくさんつくってもらった。カーテンも、学校にありがちな病院のような無機質のものではなく、ユザワヤで水玉柄の防火布を購入。これまたPTAのボランティアに縫ってもらった。

余ったお金は、IKEAで白いテーブルや赤いイスなどおおよそ学校では見られないおしゃれな家具、虹色のラグマット、猫のぬいぐるみなどを買ってきて、組み立てた。つまり「リビングルーム」の雰囲気である。リビングルームは、家でくつろげるようなイメージもあるが、「生きるための部屋」とも訳せる。「将来、生きるために準備する部屋」というのが、私たちの想いである（資料9）。

ゼロ年度――「ヒト」の工面

次に「ヒト」である。「特別支援教室をつくるから、中川西中学校だけ加配します」とはならない。とにかく教職員定数法のなかでやりくりしないといけない。教科や授業時数の関係も計算し、一人ひとりの先生たちに少しずつ授業を多く持ってもらうことにより、授業を持たない特別支援教室専属の先生を2人捻出した。

校務分掌も勘案して、結果として、1人は一般級の授業を全く持たない教員（理科）と、専属（数学）の2人を配置したが、専属に関しては1クラス週4時間のみはどうしても授業を入れざるを得なくなった。

　なお、「ヒト」についてどうしても言いたいことがある。「個別支援級や特別支援教室に、生徒指導もできるピカイチの先生を持ってくるのはもったいない」などと、とんでもないことを言う人がいるが、私の意見は全く反対である。特別支援教室であるからこそ、さまざまな対応を余儀なくされ、難易度も高い。だから〝ピカイチの先生〟を持ってくるべきである、と。

　中川西中学校では、特別支援教室の専属に2年担任を選んだ。元SE（システム・エンジニア）で教員に転職、生徒指導

資料９

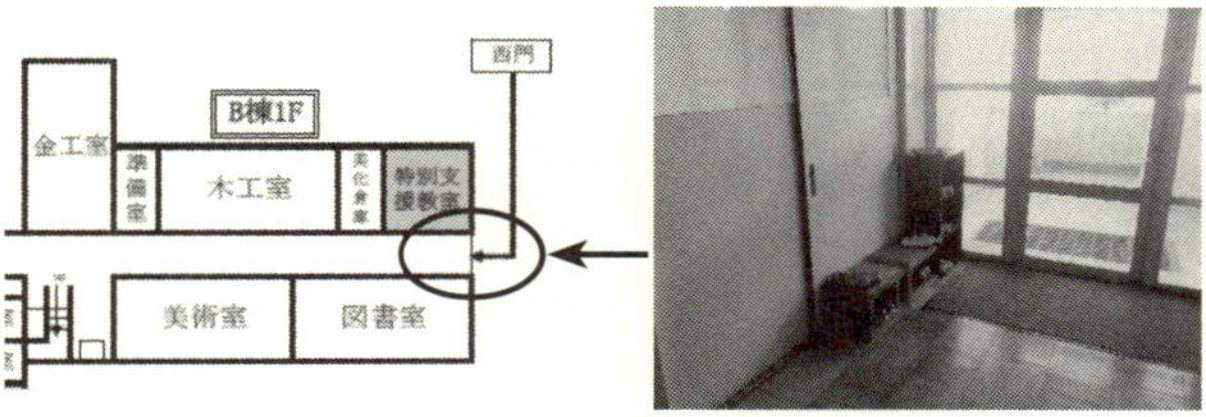

※特別支援教室専用の昇降口・誰にも会わず登校可能

※リビングルームをイメージした特別支援教室

もできるし生徒・職員室からの信頼も厚く、サッカー部顧問という男性のM先生である。M先生に打診したのは前年度の11月。その場で、「人事は最後にどんでん返しということもあるので約束はできないが、もし今の職員室のなかでもう1人組むとしたら、誰がいいですか?」と聞いてみた。

すると「どうやって選んだらいいですか?」と聞くので、「あなたと全く違うタイプの人を選んでほしい。特別支援教室はいろんな子がいるので、いろんな対応を迫られる。同じタイプの人ではなく、異なるタイプの人と組んでおいたほうが、生徒の多様性に対応できる」と伝えたところ、女性のM先生を選んだ。

さっぱりして論理的思考にも強い男性のM先生と、どちらかというと世話焼きで優しいのが特長の女性のM先生。このように、誰にどういうポジションを与え、何をさせるのか――人事配置は校長・副校長にしかできないことであるが、学校経営において非常に大切な要素である。人が生かせるか生かせられないか、最大限のチーム力を発揮できるかできないかは、この「人を見る目」にかかっている。

ゼロ年度――カリキュラムと教材の準備

肝心の教育内容については、1月に入ったところで急速に固めていった。まず、不登校に関して32年の歴史を持つフリースクール「東京シューレ」に見学を申し込んだ。「東京シューレのような場所を公立学校につくりたくて……。奥地校長先生にアポイントをとりたいんです」と説明した。そして、専属予定の２人の先生と私の３人で訪問した。

２人には、まず「これまでの生徒指導・特別支援教育のイメージは捨ててほしい」と話し、「私のつくりたい特別支援教室は、東京シューレのような学校です。つまり公立学校のなかにあるフリースクールです。そのイメージを可視化してもらいたいので、今日は３人で訪問するのです」と説明した。

またその後、埼玉県熊谷市立富士見中学校や横浜市立大正中学校など、不登校対策で奏功しているという噂を聞いては、いくつかの学校を２人に訪問させた。

教材については、レベル別に分かれている「のびのびじゃんぷ」というドリルや、横浜市教育委員会が作成している「はまっ子学習ドリル」、そしてもしかしたら「自宅で学びたい（＝ホームスクーリング）」と言う生徒がいるかもしれないと（アメリカではこのホームスクーリングの子どもが５％もいるという。学校に行かせずに家でパソコンを使って学習するのだが、ひきこもりではない。ホームスクーリングの子ども同士で外でもさまざまなアクティビティを行う）、「スタディサプリ」を１００アカウント無料で1年間試験的に提供してもらえるようリクルート社に連絡した。何事もダメ元で行ってみるものである

(実際には、ネット上で学習する生徒はたいへん少なく、2018年度からは「スタディサプリ」もやめることにした。ここでも、学校自体がアクティブ・ラーナーとしてトライ・アンド・エラーするという姿勢が大切なのである)。

春休みに新入生向け体験プログラムを実施

1月頃、学区6校の小学校の校長先生に対して、「春休みに、不登校・不登校ぎみ、また一般級でも特別な支援を要するのではないかという児童や、学力の低い児童を対象に、『中川西中学校体験プログラム』を開催したいので、対象者にチラシを配って声かけをしてもらえないか」と話をした。

「そういう子だけ声をかけるのは、ちょっとねえ」と難色を示す校長先生もいたが、「中1ギャップと言いますから、こういうのは大切ですよ」と言ってくださる方もいた。結局、6校の小学校で、児童全員にチラシを配ってもらえ、結果、9人もの入学予定児童が春休みに来校した。校内を見学し、保護者が特別支援教室の先生と話している間、他の先生が「どういうところにむずかしさを感じているか?」「どんな特性があるか?」「学力はどの程度か?」などを知るため、子どもにちょっとした算数などの問題を解いてもらいつつコミュニケーションをとっていく。この春休みの「中川西中学校体験プログラム」が功を奏し、2016年度の入学式には新入生343人全員が参加。幸先のよい滑り出しとなった。

初年度の成果

滑り出しはよかったものの、翌日から早速徐々に休みがちになる子も出てきた。それぞれの子にそれぞれのペースがあるのではと考え、保護者も交えて生徒と担当教諭が時間をかけて深く話していった。

新入生は「中川西中学校には特別支援教室がある」ことを知っているので、とくに周知する必要はないが、在校生である新2・3年生には改めてきちんと伝えなければならない。特別支援教室のヘッドでもあり、生徒指導専属となった男性のM先生に、全校集会で上手に話してもらった。そして、「特別支援教室は『学びの保健室』です」という簡単な冊子をつくり、全生徒に配付した。

特別支援教室の名称をどうするか……実は2人のM先生が話し合って「ステップアップルーム」と名づけていたが、生徒に「ダサッ」と却下された。おじさん・おばさんのダサい発想や、大人の勝手な思い込みで、この部屋はつくられてはいけないのだ。子ども目線に立った部屋にしなければならない。であれば、1年間かけてここを居場所とする第1号の生徒たちに考えてもらえばよいと、あえて名前をつけないでいた。

特別支援教室1年目の2016年度は、新入生には大きな効果があった。しかし、在校生（2・3年生）に関してはいきなり手厚いサービスをしても、なかなかなびかない。人は、小学校から中学校へなど、新しい環境になるときに「変わりたい！」「よりよくなりたい！」と願うものなのだ。しかし、新規の不登校生徒はほとんど生まれなかった。

2年目、30人いた不登校生が1人に！

特別支援教室も2年目に入り、30人いた不登校生は完全不登校生が1人となった。

中川西中学校では、生徒自身が「私は月・水・金に学校に来る」と決めれば、週休4日制も認めている。この場合、「不登校」は年間欠席日数30日以上であるので、統計のうえでは「長期欠席生徒」となるが、中川西中学校では「対応済み」として校内ではカウントしていない。また学校外のフリースクール等に通っている場合も「対応済み」としている。フリースクールと連絡をとり、希望があればそちらに通った分だけ出席扱いにしている。生徒がやる気になってくれれば、これくらいの対応は校長判断でできるのだ。

特別支援教室は、生徒たちによって新しく「ＳＳＷ」と名づけられた。スペシャルサポート（Special Support）の略文字と、1人の生徒の「白い（White）部屋というイメージだから」という意見を尊重した。

名前は何でもよいのだが、生徒たちが「イケてる！」と思うことと、「ＳＳＷ行ってきまーす」と生徒が言ったときに、なんだかかっこいいほうがよいのだ。「特別支援教室」とか「不適応教室」などという言葉は、大人本位で、生徒の気持ちを落ち込ませるのではないかと思う。

毎週の特別支援教育推進委員会が肝！

特別支援教育を進めていくうえで、何より大切なことは情報の共有である。毎週月曜日の2時間目に、校長・副校長・生徒指導専任・養護教諭・各学年の特別支援教育担当（校務分掌）が一堂に会し、個々の生徒の状況確認やその週のアクションプランをケーススタディして練っていく。ここで「誰が」「いつ」「何を」するのか明らかになる。していなければ、翌週「なんで？」ということになる。だから必ず推進される。毎週、校長を中心に現状把握とアクションをしていれば、結果は必ず出てくるものだ。

「不登校ゼロ」にするためのポイント

「不登校ゼロ」への道のりについてさまざまな実体験を示したが、最も大切なのは管理職が「絶対に解決する！」と覚悟を決めることである。学校経営は、様子見・横並びは禁止。

「結果にコミットする」ことが重要である。

【コラム】子どもの自殺の主犯格

学校現場にいると、表には出せないが、他地域・他校の「中学生の自殺」の話をよく聞く。自殺の原因はさまざまだろうが、軽度の発達障害もしくは学習障害という子が多いように思う。どんな想いで亡くなっていったのか……胸がぎゅーと苦しくなる。

どうすればよいのか？

個人的な意見であるが、私は、「子どもの自殺の主犯格は、『教育を選べないこと』」だと思う。学習指導要領による授業数規定、そして教科書による学齢ごとの内容規定――この2つが悪の権化であると考える。確かにこれまでは、このやり方が日本の教育を下支えし、功を奏してきた。しかし、ここには大きな欠陥がある。それは「必ず落ちこぼれをつくる仕組み」であることだ。

日本では、食べるものや着るものも選択肢は多い。しかし、教育は？　オルタナティブな教育も含めて、本当に選択肢がない。学齢を飛び越えての学習もなかなか認められない。

中川西中学校の、生徒個々に合わせた学習内容・学習ペース・学習方法を選べるように設置した特別支援教室（通称ＳＳＷ）。専属の先生を定数内で2人置き、生徒自らが自分の時間割を決める。おかげで、30人もいた不登校生徒が1年後には1人になった。授業ではちんぷんかんぷんでお客さん状態、という子も保護者の了解を得たうえで一部取り出しをする。生徒たちは「ＳＳＷ行ってきまーす」「いってらっしゃーい」と差別意識はない。

これは、年度初めに全校集会で特別支援教室専属教員が生徒全員にきちんと説明をしたからだ。「右利きの人？」と手を上げさせる。たくさん上がる。そして「左利きの人？」と手を上げさせる。「少ないね。この世の中は多数派の右利きに合わせてできているものが多いけど、少数派の左利きの人も確実にいる。たとえばハサミも右利き用が多いけど、最近は左利き用のものも売っています。そうすると、途端に左利きの人もはさみが使いやすくなりますね。その人用の道具があれば生活しやすくなるのです。ＳＳＷはその道具があるところ、です。右利きがいいとか左利きがいいとか、そういうことではなく、タイプが違うだけなのです。だから、勉強したり生活していくうえで、少しでもなんだか〝困り感〟がある人は、相談しに来てください」と話すと、子どもにはすんなりと入っていく。

「全員がＳＳＷに行きたいと言ったらどうするのか？」と聞いてきた先生もいた。私の返事は「望むところだ！　そもそも生徒たちが自分で時間割も決められないのに、『主体的な学び』と言っていること自体、おかしい！　生徒全員がＳＳＷ希望なら、職員体制をそのように変えればいいだけ！」だった。

学習指導要領がある限り、学習指導要領がメインストリームになるのは仕方がない。しかし、生徒や保護者の意向で、違ったやり方も選択できるようになることが必要だと思う。そのような選択をすることにより、生徒自身が自分の特性を知ることができる。そして学校は、その生徒個人の特性と向き合い、特性を生かした人生設計をどう立てるかをともに考えていきたい、と強く思う。

6章

学びの個別化のために

①学びの個別化のために――OECDキーコンピテンシーから考える

新学習指導要領の理念実現は、講義型の一斉授業を脱し、生徒の「個」を大切にした学びに転換する第一歩だと考えたい。

日本はPISAやTIMMSなどのスコアは高いが、旧態依然としすぎているのだ。教育100点満点の国は世界のどこを見渡してもないが、OECDのキーコンピテンシー3つのカテゴリーは日本においてどれも実現し得ていないのではないだろうか。

まず、キーコンピテンシーの1つめ。「社会・文化的、技術的ツールを相互作用的に活用する能力」はどうであろう。1人1台のタブレットは日本の公立学校にはなく、基本的に始めから終わりまで紙の教科書をすべてこなさなければならない。教育先進国では、システム思考やマインドマップなど「物事を考えるためのフレームワーク」を徹底して体得させ、問題解決を導くプロセスを学ぶ。

2つめの「多様な社会グループにおける人間関係形成能力」はどうだろう。日本は特活等、話し合い活動が世界でも評価されている。しかし現状は、児童・生徒にとってクリティカル（批判的・多面的）なものはどれほど認められているだろう？　教育先進国はクリティカルシンキングを猛烈に学ばせようとしている。

3つめの「自律的に行動する能力」については、児童・生徒自ら時間割を選べない日本の小・中学校において、本当の意味での自律はない。教育先進国は、体育や学活など、固定されている時間以外は、個々の進度を測るテストを定期的に受け、自分の弱点を補強し、強みを伸ばすような時間割を先生・保護者・子ども本人で決定していく。

予測不能な時代のなかで、児童・生徒にとって「人生を開拓する力」がつくのは、今の日本か、それともキーコンピテンシーに対応している海外かと言われたら――答えは明らかであろう。

今回の学習指導要領はその現状を理解している方々が決めている、と言える。しかし、一足飛びには変えられない。学齢による学びをゆるやかにし、個々の子どもに合わせた学びを実現するには、「資質・能力」論で行くしかないのだ。そうでないと、「7・5・3」（高校生7割、中学生5割、小学校生3割が、教育課程は修了しているものの、到達していない）と言われる現状のなかで、子どもたちに学びの保証はできない。

この学習指導要領の理念が学校現場で実現可能かと問われれば、「Yes, we can!」。しかし、そのためには環境整備が急務である。

もっと子ども一人ひとりの「個」に目を向けるため、全国3万5千の公立小・中・高校の児童・生徒に1人1台、ＡＩ搭載のタブレット端末を配付するべきだと思う。とくに、理解に差が出やすい英語や数学でタブレットが使えれば、知識習得のための一斉授業の多くは人工知能に任せ、教員は「主体的・対話的で深い学び」につながるディスカッション型の授業に力を注ぐことができるのではないだろうか。

また、教員の「働き方改革」にも取り組む必要がある。「新しいことも、今までのことも抜かりなくやれ」というのは、アクセルを踏みながらブレーキを踏めと言っているようなものである。あれもこれもと、学校や行政はあまりに多くのことをやろうとしすぎて、結局中途半端になっているのではないだろうか。

そのためには、「例年どおり」はもうやめにして、学校行事や事業を見直し、精選する。とくに中学校では、部活動も大事だが、それはあくまでも「教育課程外」だ。練習量など顧問の指導方針に対する苦情は受け付けないなど、保護者にも説明して理解してもらう。主体的に学ぶ子どもを育てるためには、教員たち自身、主体的に仕事ができるよう、多忙を解消していく必要がある。

また、多忙を考えるうえで、「生産性」についても改めて考えたい。学校だけではなく、ビジネス界でも日本の生産性はOECD35ヵ国中20位という低さである（2016年）。ただ時間を短縮するだけではない。「質の向上」も大いに関係する。皆で「質の向上＝どうすれば生徒の自己実現を支援できるか」を真剣に考え、そして、教職員・保護者・地域と思いを共有する時代ではないだろうか。

②OECDヒアリングより

２０１７年1月、突然文部科学省から連絡があった。1週間後のOECDカントリーノートのヒアリングに協力してほしいというのだ。OECDは、数名のリサーチャーが定期的に各国を回り、教育状況についてレポートにまとめている。いくつかの学校現場を見た後、新学習指導要領の今後の展望について、中央教育審議会特別部会の委員でもある小・中学校の校長に話を聞きたいということで、私に白羽の矢が立ったのである。

文部科学省がセッティングする限り、リサーチャーにはマイナスの情報はあまり伝わっていないだろう。しかし、現状を知ってもらおうと少し資料を用意する。

資料10の左の写真は、私が２０１６年の夏、たまたま旅行で訪れた長野県松本市にある旧開智学校の教室の写真だ。明治６（１８７３）年に建てられた。そして右の写真は、ヒアリングの前日、中川西中学校での授業の様子。

黒板、講義型の机の並び、前には教卓――約１４０年前の教室とさほど変わらない。しかし、リサーチャーがヒアリングで訪れたドイツ、フランス、オーストラリア、ニュージーランドの国々では、今やほとんどでＩＣＴが使われ、一斉授業ではなく個別学習が進んでいる。日本でも私立学校では１人１台のＩＣＴ機器を児童・生徒が持ち、個別授業が進んでいるが、公立学校は予算上なかなかそうはいかない。しかし、このままだと「格差」がつくのではないかと思う、と話した。

加えて、わざわざわが子の鞄の重量を量り、「14キロもあった！」と訴えてきた保護者の話も紹介する。ＡＩ搭載のタブレットさえあれば、14キロの荷物を持ってくることなく（しかも最も遠くに住む生徒は、50分も歩いてくる！）通学できる。

資料10

ＡＩ搭載のタブレットがあれば、英語や数学など、生徒によって進度やレベルの差が出やすい教科については、ＡＩ先生が教えてくれる。先生は、生徒を励ましたりファシリテーションをしたりする。

一方、社会や理科など、ディスカッション型の授業はなかなか40人の授業では成立しにくいため、15～20人規模の少人数の授業が望ましい。ここについては教員の増員が必要なので、ＡＩ先生で特定の教科の先生が減った分をあてがうとよいのでは――そんなことをメモにして渡した。

それがどの程度影響があるかはわからない。「メモを渡す」と言ったら、文部科学省の担当者が飛んできて「やめてくれ」と言う。しかし、私の責任で渡した。これが学校現場の現実だからだ。こうやって少しでも風穴があいていくとよいと願う。

③ 私がもし小規模小学校の校長だったら

小規模校の教頭先生から、次のようなお手紙をいただいた。

本校は、学級担任が3人、養護教諭、事務職員そして管理職2人の小さな職場です。私は教頭として、職員室で彼らの様子を見ています。6月に入ってから、彼らの疲れが日々たまってきていることが伝わってきました。残業時間が80時間を超えてきそうな職員もいます。労働時間だけではなく、校務分掌の仕事による疲れもあります。小規模校だからといって学校行事が少なくなるわけではありません。また、一人の職員が複数の主任を担っています。教務主任、生徒指導主任、それに教科主任を含めると5つ以上の主任を一人の教師が担っているのです。

行事の企画・提案に時間をとられたり、事務処理に時間を割かれたりして、子どもと向き合う時間が少ないことを嘆いている先生がいます。平川先生の「一つ言えるのは『この仕事、やらなくていいよ』と言えるのは校長しかいないということである」というお言葉に共感します。学校運営の最終的な決断は校長です。この仕事が必要かどうかを判断するために、日ごろから学校をさまざまな角度から観察する必要があると思っています。

私が着任したのは、1校目は生徒数600人の中規模校、そして2校目の中川西中学校は1千人を超える大規模校で、しかも小学校の経験はない。

しかし、「もし私が、小規模小学校の校長だったら」と大胆に妄想してみたい。地域の状況も、児童たちのことも全然わからないまま、勝手なことを書くのをお許しいただきたい。

小規模であるよさを生かす

さて、私だったらどうするか？

まず、学校行事をなくす。さすがに卒業式・入学式をやめるわけにはいかないが、まず「学校は例年どおりの学校行事をやらなければならない」という「思い込み」を捨てる。

「小規模である」ことのよさは、いったい何だろうか？　それは「小回りが利く」「融通が利く」ということではないだろうか。年度途中でさまざまな変更があっても、対応可能である。そこで、そのよさを生かして、年度の初めに遠足（校外学習）、文化祭（学習発表会）、修学旅行などの行事をがっちりと決めない。教育委員会への届け出？　そんなものはあとから変更届を出せばよいではないか。

もし、私が300人以下の小規模小学校の校長だったら……取り組んでみたいのは、オランダのイエナプランだ。まず1～3年生、4～6年生の異年齢学級を1クラスずつつくる。1クラスは150人になってもかまわない。はっきり言って、「1クラス40人以上で授業をしてはいけない」という法律はない。文部科学省初等中等教育企画課に、「極端な話、必要であれば100人の算数の授業を体育館でしてもOKか？」と聞いたことがあるが、「いい」という回答であった。

「そんなことできるのか⁉」と思われるかもしれないが、答えは「できる！」。文部科学省によると、いちおう学齢ごとのクラスはつくるものの、すべて全交流にすればできる、とのこと。むしろできないと思っているのは、教育委員会の頭の固い指導主事や、思い込みの激しい学校の先生たちかもしれないのだ。

そして、算数や国語は「かず」と「ことば」とし、個々のペースで学習を進めていけるようにしたい。理科や社会は「ワールドオリエンテーション」とする。総合的な学習の時間や生活科などの授業時数と合わせて、地域の特性に沿った課題解決ができるような教科とし、子どもたちの自主性を尊重して子どもたちに決めさせていきたい。もし子どもたちが「外に行って調べたい」と言えば、それが即校外学習になる。

「かず」と「ことば」も、「ワールドオリエンテーション」も縦割りで、わからないところは高学年やできる子が、低学年やそうでない子を教えるというかたちをとる。

こうしていけば、とってつけたようなお決まりの遠足や、毎年高額の代金を保護者に負担させて同じ所に行く修学旅行はまずなくせる。運動会は、地域との関係もあってなかなかなくせないかもしれないが、場合によっては町内会運動会と合同開催にすることができる。文化祭などで取り組んできたダンスや音楽などの出し物は、どうせするなら専門家を呼んで徹底的に指導してもらいたい。担任の先生だって、皆が皆体育・音楽・図工の技能教科に長けているわけではないのだ。「総花的に何でもかんでも指導ができる担任」の時代はもう終わったのだ。

お金はどうするか？　年度の初めに「活動費」と称して保護者から集金しておき、年度の終わりに実施しなかった分を返金するのはどうだろうか。もちろん、保護者にも丁寧に説明していけば、わかってくれるはずだ。

劣後の優先順位をつける

状況にもよるが、プールもやめてしまいたい。水道代は高額だし、子どもの死亡リスクも高い。世界でも学校で水泳指導をしている国は日本くらいだ。中川西中学校でも、プールの水道代や環境整備に年間３００～５００万円はかかる。私なら、浮いた水道代をほかの項目に流用させてもらうよう教育委員会に頼む。これぞ学校ごとの特色ある学校経営とその工夫だ。３００～５００万円あれば、非常勤の先生が１人雇えるではないか。

横浜市立中学校には給食はないが、もし給食をしている学校であれば、それもやめたいくらいだ。食育等の観点からも有効だが、アレルギー対応も必要となる。先生が医療行為であるエピペン等の研修を受けなければならないなんて、ナンセンスだ。子どもの食事の用意は、保護者の務めだ。学校が子どもの食事の世話までするなんて、やりすぎではないか。経済的に厳しくお弁当を持ってこられない子がいたら、地域ボランティアで用意してもらう。そうしたい地域の人はいるはずだ。食材代は、役所の子ども家庭支援課のようなところに請求できないか、交渉してみたい。

ちなみにイエナプランを導入するとなると、指導方法が全く異なるので、横浜市で行っているA研・B研・市研と言われている研究授業もなくしたい。先生たちが研究授業をするために、当該授業クラス以外は放ったらかしてギャーギャーうるさい状態なんて、子どもにとって本当によいことだろうかと、小学校を見て感じるところだ。A研・B研・市研は「学齢ごとの一斉授業」を前提にしているので、イエナプランにはそぐわない。新しい指導方法の専門家に定期的に来てもらい、放課後校内研修で行うのだ。

妄想をしていたらどんどん膨らんできてしまった。さまざまなものをなくす代わりに、本業である教育課程に集中するというのが、最も子どものためにならないだろうか？　大胆な「妄想」をお許しいただきたいが、皆さんはどうお感じになったであろうか？

7章

新学習指導要領と働き方改革

1 働き方改革の基本的な考え方

働き方の現状

働き方改革が、世の中で話題となっている。

民間企業のみならず、教員の働き方改革も中央教育審議会の大きなテーマとなっている。とくに中学校教員の長時間労働については、OECDのTALIS調査（Teaching and Learning International Survey：国際教員指導環境調査）によっても指摘されている（**資料11**）。

生産性を考える

働き方改革は、どうにかしなければならない火急の課題である。それでは、どこかの会社でしているように、時間が来たらパソコンの電源を切ればよいのか？　時間で区切ればよいのか？と言うと、そういう問題でもない。

そもそも「生産性」とは何であろうか？『生産性』（伊賀泰代著、ダイヤモンド社、２０１６年）によると、「生産性＝得られた成果／投入した資源＝アウトプット／インプット」と定義されている。

投入した資源は、人であれば教職員定数法で国によって定められているし、残業手当も教員の場合は教職調整額と呼ばれ、

資料11

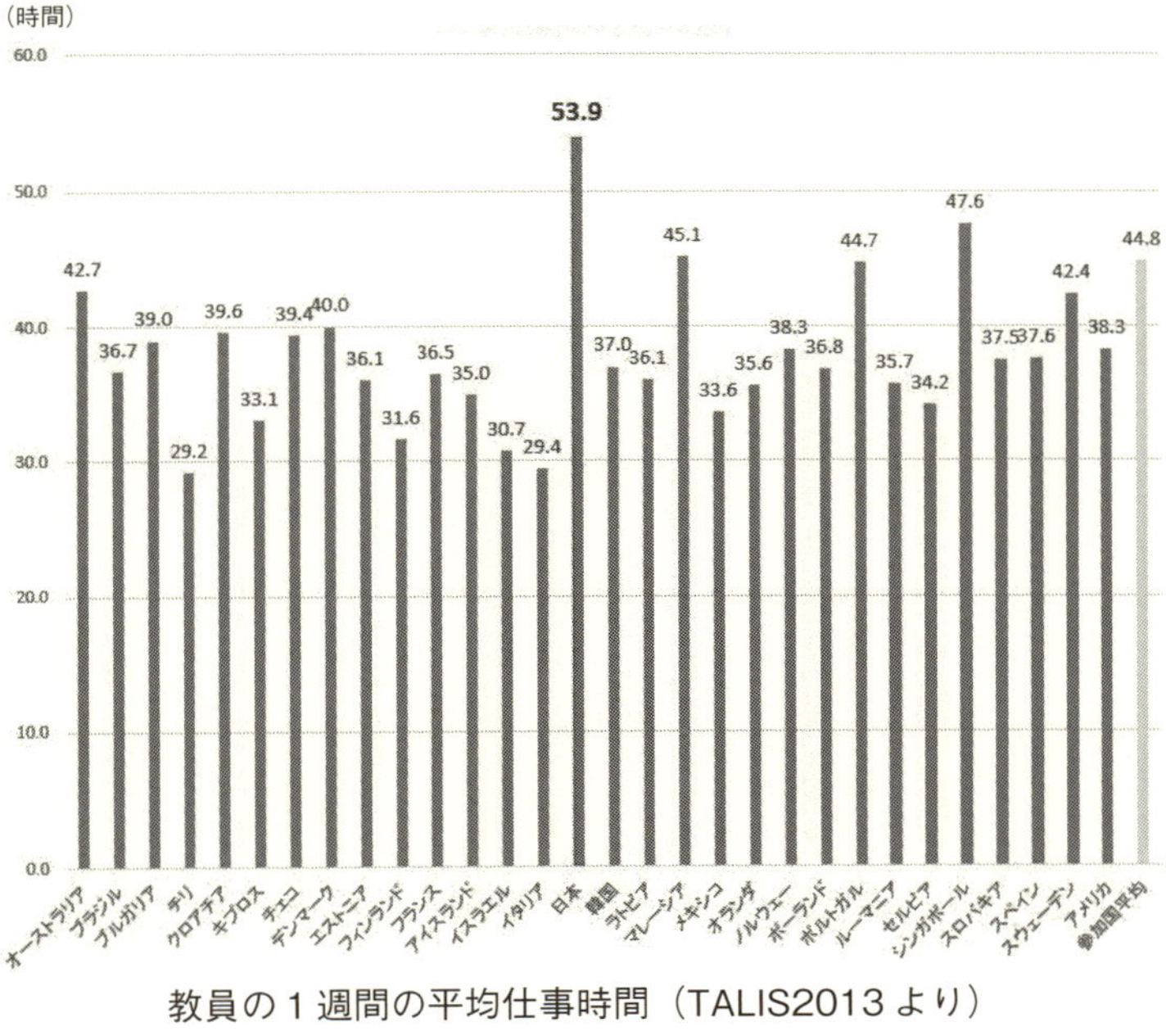

教員の１週間の平均仕事時間（TALIS2013より）

どれだけ残業しても一律4％と定められている。

そして、一般企業とは違い売上のない公立学校の教員にとって、「アウトプット」、つまり「得られた成果」とは何であるか？　そこを定義づけないと、働き方改革は始まらないのである。

中川西中学校の取り組み

中川西中学校では、主幹教諭・主任・校長・副校長で十分な時間をとって、「私たちにとって生産性とは何か？」「アウトプット＝得られる成果とは何か？」について話し合った。その結果、次の2点が「私たち公立中学校の教員の役割である」という結果になったことは、69頁でも記したところである。

①生徒一人ひとりの自己実現を支援する

②公立学校ならではのセーフティネット

そして、これに相当しないものについてはなるべく除外していこうという話になった。そこで出されたのが、図書文化社のテストの実施や行事の精選、ワーク・ライフバランス社による教職員研修、そして留守番電話導入等の実践的課題解決方法だった。

働き方改革を行うとき、やみくもに時間を削ればよいかというと、そうでもない。まずはこのような根本的な話し合いから始めることが大切である。

2 多忙化解消法の具体的方法

ドラッカーは「経営は劣後の優先順位を決めよ」（やることよりもやらないことを決めよ）と言った。学校はあまりにも何もかも引き受けすぎである。いくら子どものためといっても、人的にも時間的にも限りがある。すぐにすべてをやめられるものでもないが、やるべきことを明確にして、教職員の仕事を集中・特化させるのは校長の役割である。

学校の役割とは、ズバリ「教育課程」である。本当に授業に100％集中させるだけのマネジメントができているか、私自身も日々悩みながら考え続けている。教育システム上のことは行政が担っていく役割も大きいが、校長が「これはやらなくていいよ」と決めてあげることも大事である。

部活動は「教育課程外」だと保護者にはっきり言う

部活動は日本の学校教育にとって非常に大切な役割を担ってきた。私自身、テニス部に所属し、顧問の先生はじめ仲間にはたいへんお世話になった経験がある。他方で、民間企業から中学校に来て、学校へのクレームの過半数が部活動に対するものだと知ったときは驚いた。

そこで中川西中学校では、年度初めの部活動保護者説明会時に、私からはっきりと次のように伝える。

「部活動は、日本の教育にとって非常に大切な役割を担っています。顧問も土日祝日など自分の時間を費やして一生懸命指導しています。しかし、ここではっきりとお伝えしたいのは、部活動は学校の教育活動の一部ではありますが、教育課程ではないということです。つまり、国語・数学・理科・社会・英語などの教科とは違うのです。修学旅行や体育祭などの学校行事とも違います。

今後、中川西中学校として、部活動の練習量が多すぎる、また少なすぎるなどのご意見は一切受け付けません。もちろん、体罰等の指導は許されませんが、部活動でのSNS使用ルールや練習方法などの運営・指導方針はすべて顧問に委ねられています。万が一、ご家庭の教育方針と違うという場合は、部活動に入らないということでいっこうにかまいません。学校外での活動を継続していただければと思います」。

こう言い始めてから、部活動に関するクレームはピタリとなくなった。また、年度初めにどれくらいの頻度で部活動を行うかについて、はっきりと書面化するようにもした。学校の本業とは違うことで、しかもクレーム処理の時間を使うべきではないのだ。

報告は書面で

学校は口頭での報告が多すぎる。そのうえ、先生たちの話はだらだらと長く、何を言っているかわからないことも多い。そこで、学年で収まらない問題はすべて書面で書かせることにした。何が起こったのか、時系列で担任等1人に代表して書かせ、関係者に加筆・修正させる。その書面をノートに貼って、保護者対応をすることもある。貼っておけば、「その書面をくれ」と言われることもない。万が一「コピーをくれ」と言われても、あくまでも「内部のメモですから差し上げられるものではありません」と断る。

残業80時間が過労死ラインだと職員にはっきり言う

中川西中学校でも、平気で夜遅くまで仕事をする職員がいたが、本人のためにも学校のためにもよいわけがない。

以前もある初任に「部活動が大変なら、できる限りの活動でまったくかまわない。それで文句を言ってくる保護者がいたら、校長のところへ来いと言ってほしい。とにかく1ヵ月で残業80時間。ということは、1週間で20時間以上。ということは、平日1日4時間以上の残業は過労死ゾーンと言われているのを知っている？　もちろん自分の効率が悪いことだってある。だったら、効率よく仕事するにはどうしたらいいかアイデアを出してほしい」と言った。

すると、「80時間が過労死ゾーンなんですか。知りませんでした。気をつけます」という返事。年度の後半、彼の長時間勤務は是正され、効率化された。

学校行事の見直しをする

「毎年やっているから」という理由でただ行事をこなしていないだろうか？　もしそうなら、やめるべきである。

中川西中学校でも、私が着任した初年度に行事見直しの話し合いをした。まずは教育課程推進委員会内にある行事検討会で、「教職員に異常な負担がかかっていたり、大きな教育効果があるわけでもないのに続けている行事はないだろうか？」という観点から話し合った。結果、2年生の鎌倉遠足に目が向けられた。これは、3年生で修学旅行をスムーズに行うために、班活動の練習として行っていたものだった。

保護者との茶話会で「2年生の遠足ってどうですかね？」と聞いたところ、「楽しくてよい」「生徒は楽しみにしている」との意見も多かった一方、「小町通りで買い食いしているだけ」「遊びに行くだけならプライベートでも行ける」との意見もあった。私自身、「小学生ならいざ知らず、中学生になってまで班活動の練習をするなんて、生徒を過小評価しすぎていないか?」とも思っていた。

さらに、鎌倉遠足を行う12月初めは、3学期制の中川西中学校にとっては連絡票の評定事務の真っ盛り。毎年、先生たちは成績業務をやり終えた後で夜な夜な鎌倉遠足の検討をしていて、なかには夜中の帰宅になる先生もいた。このせいで連絡票の「誤記載」という不祥事を起こしたら、身もふたもない。

行事検討委員会では、2年生の鎌倉遠足を「続けてもそれなりの価値はあるが、中止する」という方針を原案とした。職員会議では「楽しみにしている生徒たちがかわいそうだ」という意見も出たので、「それでは、次年度入ってくる新入生の学年からなくしましょう。新入生保護者説明会で、遠足がないことを説明しておけば、わかったうえでの入学になるので納得されるでしょう」とお伝えした。

一方で、鎌倉遠足の代わりに、2年生はキャリア教育の職業体験を、1日間から3日間に増やした。「キャリア教育を充実するために行事を一つなくした」というわけではないが、教育課程の観点からするとそういったメリットもあった。

ワーク・ライフバランスの研修会

中川西中学校「学校だより」の5月号で、「今年、やります！　働き方改革」という記事が1面を飾った。6月末に株式会社ワーク・ライフバランス代表取締役社長の小室淑恵さんに来校いただき、校長・副校長・生徒指導専任で、まずはコンサルを受けた。現状はどうか？　どこが改善できるか？　他校の例はどうか？　他業種の会社はどういう取り組みと成果を上げているのか？など、二回ほどお越しいただきご教授いただいた。そして、9月の定期テストの午後を活用し、研修会と称して同社の田川拓麿さんにご講演いただき、教職員のワーク・ライフバランスの考え方にメスを入れようとしたのだ。

講演の内容は、人口構造問題から見る長時間労働の関係性、残業ありきの職場を変える4ステップ、タイムマネジメント法、他校の事例などである。1時間少しの講演で教職員は皆納得した様子だったので、私のほうから「皆さん自身の人生のためにも、またご家族のためにも、『残業ありき』という考え方をなくしましょう！　その対策の一つとして、留守番電話を設置したいのですが、いかがでしょう？」と聞いたところ、「いいです！」と声を合わせて満場一致。拍手とともに賛同された。

留守番電話設置

さっそく留守番電話を取り付けることに。保護者には、しっかりと伝えてご納得をいただきたいと考え、PTA役員→PTA運営委員会&学校運営協議会→一般の保護者（学校だより）とステップを踏んだが、誰もが「いいんじゃないですか？　こんな時代ですし」という反応だった。

そこで、学校だより10月号には1面に「留守番電話、導入させていただきます」の記事を掲載。留守番電話導入のいきさつや時間等を詳しく書いた。こんな記事である。

留守番電話、導入させていただきます。

校長　平川理恵

この1年くらいでしょうか。教員の多忙化と働き方改革がマスコミで多々取り上げられるようになったのは……。民間企業と学校の両方を経験してきた私としては、学校ばかりが忙しいわけではなく、民間企業の大変さも知りつつ、しかしブラック部活動、理不尽な要求、文書作成等、新聞等で書かれているこれらの事案が少しでも解消できないものかと感じています。

9月14日に、(株)ワーク・ライフバランスの田川拓磨さんを講師にお招きし、教員全員で研修をしました。お話のなかで皆が大いに納得していたのは、日本は人口が増え続けた「人口ボーナス期」から、人口が減り続ける「人口オーナス期」に入ってきたということ。世界中どこの国も、一度人口オーナス期に入ると二度と人口ボーナス期はこないということ……。だからですね、数年前までは、人が辞めても「お前の代わりはいる」という状態だったのが、もう代わりはいないのです。外食産業のお店が、働く人を採用できないから閉店、というニュースにも驚かなくなりました。つまり、これまでは「24時間働き続けられる、若い、男性」が活躍していましたが、これからは「24時間働き続けられなくても、若くなくても、男性でなくても」活躍できるようにならないと日本がもたないのです。

田川さんは、さまざまな業界で働き方改革のお手伝いをされているそうですが、たいへんわかりやすい例として警察のことをお話ししてくださいました。仮に事件が起こって、そこに疲れ果てている警察官が来たらどうでしょう? 犯人を捕まえられるでしょうか? やはり、元気にエネルギッシュに対応しないと、犯人を捕まえるどころか逃してしまう……なんてことにならないでしょうか? 先生たちも一緒です。常に働きすぎで、睡眠不足で、疲れている先生が、エネルギーたっぷりの子どもたちにどのように応対できるのでしょうか？　今回の働き方改革で、子どもたちの前で、いつもエネルギッシュでいられる先生を目指していきたいのです。

これまでも、①部活動は教育課程外である　②学校行事の精選　③学校運営協議会等会議の資料をなるべく減らす等、お話をしたりお願いをしたりしてきましたが、できましたら学校への電話の時間もご配慮いただけましたら幸いです。ご理解ご協力よろしくお願いいたします。

〈留守番電話で対応させていただく日時〉
平日19：00以降、翌朝8：00まで、土日祝および学校休業日は終日
※17時以降、教職員全員の研修等で電話が取れないこともあります。
※なお、勤務時間は17時までとなっておりますので、なるべく勤務時間内にお電話いただけますとありがたいです。

留守番電話のメッセージは、「中川西中学校でございます。ただいまの時間は留守番電話で対応させていただいております。ピー」にした。「御用のある方は……」など、野暮

なことは言わない。用があるからかけてきているのだ。

留守番電話導入後の状況はどうかと言うと、1日1〜3件ほど入っているが、ほとんどが無言であるか欠席の連絡である。無言電話は嫌な感じのものではなく「あ、かけちゃった！」というようなうっかりな感じであった。よい点としては、日に日に夜かかってくる電話は少なくなっていった。

「緊急のときはどうしたらいいんですか？」という質問に、答えは用意していたが、結局その質問は出なかった。その答えは、「緊急のとき？　そのときは警察でしょ」である。

保護者には「学校に、いつ電話をかけていいのかわからなかったので、明示してもらってよかった」と了解いただいたが、先生のなかには、児童・生徒の緊急事態を問題視する声も上がるに違いない。しかし、今の時代の流れから言うと「警察」でよいのではないだろうか？

＊

以上、多忙化解消のために魔法の杖はないし、各学校でさまざまに主体的に取捨選択していくしかない。声を大にして一つ言いたいのは、「この仕事やらなくていいよ」と言えるのは校長しかいないということである。

8章

教職員のキャリア開発

1 人材育成法

世の中、人材不足である。とくに、若い人ではいい人が来ない、とよく言われている。日本の若年人口が激減しているのだから仕方がない。外食チェーンだって人材不足から店を閉めざるを得ない時代である。ましてや都会で、民間企業に比べて若年層の給与が安い教職に、すばらしい人材ばかり採用できるわけがない（生涯賃金では、いまだに終身雇用制度の公務員は民間企業とは違い、比べられないが）。

社長時代の経験

私は31歳で社長になった。はじめは全く1人で始めた会社も、忙しくなるにつれ社員を雇っていった。その時々にもよるが、おおよそ20人前後の社員がいた。

中小企業は、採用から育成まで全部社長が行う。お恥ずかしい話だが、初めはいくら採用しても「ここがダメ」「あそこがダメ」と社員の悪いところが目についていた。社長になる前は大手企業にいたせいか、比較的いい人材が集まっていたように思う。それと同じようにはいかない。社員が去って、また新たに求人広告を出して、新たに採用したとしても、電話のとり方から会社のしきたりまで学ばせ、育つまでに3ヵ月はかかる。

あるとき、社長経験の長い先輩に「いい人が採用できない」と相談したところ、「だから、あんたが社長なんよ。あんたよりもできる人が来たら、その人が社長になるでしょう? 社員ができないって言ってるうちはあんたも社長としてあかんな」と言われた。確かにそうだ。今も、「この教職員はあかん」と思った瞬間、「だから私が校長なのだ」と思うようにしている。私も人間。不完全な人間である。誰だって、完璧な人はいない。

恥を忍んで話すが、社長時代、ある朝会社に出勤すると自分の机の上に辞表がずらっと置いてあったことが、一度どころか二度もある。社員と言っても、30代の社長と同じくらいの年かそれ以上。「こんな社長についていけるか」と思ったに違いない。

顧客リストを持って突然辞められたこともあった。会社の現金を持っていかれたこともあった。そのつど、ガックリと奈落の底に突き落とされた気分になったが、お客さんたちに助けられ、またイチからやり直してきた。民間企業はそんな厳しさがあるのだ。公務員になって、辞めずにいてくれる職員がいるだけで、また社会通念上常識のある人たちばかりで幸せではないか……とありがたく感じることもある。

そのような自分自身の経験から、「どんな人が来ても、育てる」という精神でいかないといけないと思う。

あなたはなぜこの仕事をしているのか？

「人はなぜ働くのか？」という人間の根源について、リクルート時代大いに考えさせられた。「Bing」「とらばーゆ」などの中途採用媒体で営業を行っていたとき、さまざまな会社の職種や職責のポジションの依頼を受ける。「求める人物像」はどのようなものか、社長、役員、上司に当たる人、同僚などにインタビューする。

そのとき、必ず「あなたは、なぜこの会社で働いているのか？」「なぜ、今の仕事を続けているのか？」「辞めない理由は何か？」を聞いていた。そこにその仕事の、その会社の魅力があるからだ。その魅力を求人広告に載せれば、それに魅かれて応募する。それが、求職者と求人者の相思相愛というものである。

それでは、あなたはなぜ、校長になったのか？　いや、あなたはなぜ、先生という仕事を選んだのか？　なぜ辞めないでいるのか？　なぜ続けているのか？　どんなときにこの仕事をしていてよかったと思うのか？　あなた自身はこの質問にきちんと向き合ってきているだろうか？

教職員にも聞いてみよう。なぜこの仕事を選んだのか？

あなた自身がこの質問にきちんと向き合ったあと、教職員にも「なぜ先生になったのですか？」と単刀直入に聞いてみよう。

私は、これまで教職員全員に、授業観察後のフィードバックのときや、自己観察書に基づく人事面接などのときに必ず聞いている。

はじめは「え？　僕ですか？」「私がなぜ先生になったかですか？」とびっくりされるかもしれないが、聞かれた先生たちの表情がふっとゆるみ、初任時代の顔に戻っていることに気づかされるだろう。そして必ずペラペラと話し始める。

たまに「いやー。先生しかなかったからですよ」と言う人もいる。するとすかさず「いや、もしそうだったとしても、職業選択の自由という権利があります。先生という仕事が嫌だったら辞めていますよ。どの仕事でも辞めずに何十年も続けられたことはすばらしい。なぜ辞めずに続けてこられたんですか？　『このことがあったから続けてこられた』というご経験やエピソードはありますか？」と聞くと、若かりし頃の生徒との逸話や、先輩教員からの教えなどを語り始める。なかには、自分の生い立ちや家族の問題まで語り始める人もいる。

人は、その動機（モチベーション）の源泉（リソース）に立ち返ったときに、「やる気」になる。モチベーションリソースは、日々のルーティンワークに埋没していきがちである。ときどき原点を思い出し、その動機と自分の個性が、今の職場や校務分掌で生かされているかを振り返る必要がある。

お互いに不幸にならない人材育成＝直球で勝負

8年間の校長経験のなかで、あるとき、学級崩壊ぎみのクラスがあった。担任の50代前半の男性教諭は、他人事のような雰囲気があり、問題から逃げているように感じられた。クラスで生徒指導上の問題が起こっても、「家庭の事情で」と5時には帰ってしまう。残された学年職員で問題解決を図るのだが、不満の声が上がるし、職員の不協和音は生徒指導上よいわけがなく、悪化する一方だった。

そこで校長室に呼んで話をしたのだが、のっけから「あんた、逃げてるでしょ！」とは言えない。静かに「先生、なんで先生になったのですか？」と、いつものように聞いてみた。すると、「僕ですか？　うーん。なんで先生になったのか……むずかしい質問ですけど。思い返すと、僕、先生になる前ＳＥ（システム・エンジニア）だったんですよ。でも、20

代後半の頃、市内で中学生がホームレスを殺してしまった事件があって、『このままだと日本の教育、やばいな』って思ったんです。で、教員免許持ってたんで、教員採用試験受けてみたんです。何年かは臨任で修業積んで、本採用になって、1校目はヤンチャな学校で追っかけっこしながらもそれなりに楽しかったです。2校目になったくらいでしょうか？　ちょっと落ち着いた学校に行って、ん？　生徒と歯車合わないな？と感じ始めて、で、この学校来て2年目ですけど、さらに子どもと気持ちが合わないなって……」とすら答えるではないか！

私は、まさかこんなに熱い思いがあるとは思わなかったので、真っ直ぐにこの先生の顔を見て、「先生、まだその熱いお気持ちがおありになりますか？」と問いかけてみた。すると、「うっ」っと言ったまま、言葉に詰まってしまわれた。

1週間後、この先生が「ちょっとお話が……」と言う。「校長先生にこの間初任の頃の気持ちを思い起こさせてもらって、今のままだと生徒にも保護者にも失礼なので、今年度をもって退職させていただきたく思います」。

その後、この先生が子どもたちに粘り腰で向き合いだしたからか、クラスは徐々によくなっていった。もちろん、年度途中だったため、もし「やっぱり辞めるのはなしにしてください」と言われれば承諾するつもりであった。しかし、3月末には退職。今は自分で業を起こしていらっしゃる。

「初心忘るべからず」という言葉があるが、「なぜ先生になったのですか？」という質問は、初心を思い起こさせてくれるたいへんパワフルな質問になる。

ときには厳しいことも言わなければならない

学校現場に入ってみて気づいたこと。時代性もあるからだろうか、パワハラなどを気にし、教職員にたいへん遠慮している管理職が多いように思う。

もちろん言い方には十分気をつけなければならないが、校長が言わずして誰が言うのか？　地域性もあるだろうが、とくに横浜では再任用職員が急激に増えてきている。1年ごとに職場を渡り歩く人も多いのだが、給与が減額されたからだろうか。とたんにやる気をなくし、「担任はイヤ」「主任も遠慮させていただく」「部活動も家の都合でできない」と、「自分は職場の『お手伝い』程度の仕事」と公言してはばからない人も多い。

正直、学校にとっては「お手伝い」では困るのだ。再任用も若手も1カウント。1人前に仕事をしてもらわなければならないのだ。

もちろん、再任用の方でも「担任も喜んで」「主任になるかもお任せします」「部活動もできる限りやります」と言ってくれる人もいるが、それ以外の人には3月末の面接時にガツンとお伝えすることがある。

まず、学校だより「中川西中Ｔｉｍｅｓ」の表紙にある教育理念「自立貢献」を見せ、「先生、中川西中学校の教育理念は〝自立貢献〟です。面接カードに、『担任はできません』『主任も遠慮したい』『部活動もできない』とありますが、それでは先生は何をもって本校に〝貢献〟していただけるんですか？」と聞く。

こういう先生に限って「教科指導ですね」と返事されるので、「それは先生、非常勤講師と同じですよ。再任用として配置される以上、正規雇用なので、担任を持っていただいたり、主任になっていただいていたり、若い方の手本となっていただかないと困ります」とズバリ言う。

再任用制度だと給与が安い、待遇が悪い、この制度自体がおかしいと言われる場合は、「そのあたりの制度のことにつきましては、教育委員会の人事課にお申し出ください。学校は先生の待遇面についての権限はありませんので。ただ、職業選択の自由という権利がありますから、どうしてもこの待遇でこの仕事がお嫌なら、世の中さまざまなお仕事があると思いますが」とズバッと言う。この人たちは、今まで社会の「常識」を上司から教えてもらってこなかったのかなと悲しくなる。お給与をいただくということは、当然のことながらそれ相当以上の働きをしなければならないのだ。

「それでもできない」と言う先生には、「本校には、〝ひましょく〟と書いて閑職のポストなど余裕がありません。一晩お考えになって明日お返事ください」と突っ返す。「こんな女の下では働けない」「嫌な奴だ」と思われても仕方ない。校長というのはそういう役目なのだ。1人1役担っていただかなければ、今いるほかの職員たちが困るのだ。

2 校長は、教職員の〝キャリア開発者〟

校長の仕事は多岐にわたるが、その一つに教職員のキャリア開発がある。その先生がどのような人生を歩みたいのか、どのような役割が合っているのかなど、長期・短期でともに考えるのが上司の役割なのだ。児童・生徒にもそれぞれに合った自己実現を支援するように、校長は教職員一人ひとりに合った長期・短期の目標を持たせて、やる気にさせ、そして組織における役割を明確にして、力を出してもらう。それなくして「チーム学校」とは言えない。

質問：あなたはなぜ先生になったのですか？

前述したが、パワフルな質問がある。「あなたはなぜ、先生になったのですか？」だ。まず、あなた自身がどうか、答えてほしい。それから、教職員全員にも聞いてほしい。人は、その動機（モチベーション）の源泉（リソース）に立ち返ったときに「やる気」になる。源泉は日々のルーティンワークのなかで埋没していきがちである。ときどき原点を思い出し、その動機と自分の個性が今の仕事や職場環境で生かされているかを振り返る必要がある。これがキャリアの棚卸しで、幸せな人生を送るにあたって必要不可欠である。

その先生に合ったキャリアの提案

8年間の校長生活だけでもさまざまな例がある。

50歳の女性の先生は、「この仕事は好きなんですけど、ずっと突っ走らなければいけないのでちょっと疲れました。あと10年もつでしょうか……？」と相談してきた。「サバティカル」（職務を離れた1年等の長期休暇）という制度の話をしたところ、「いいですね！」と言う。中学校ではサバティカルはないが、自己啓発休業制度（1年・無給）を利用することにした。たまたま私がプライベートでフィリピンのセブに行った際に、日本人会会長兼日本人補習授業校の校長に会ったつてで、彼女は今、そこで英語で日本語を教えるというインターンをさせてもらっている。帰国した後、横浜市の国際教育に寄与してくれることだろう。

また、40歳そこそこの担任教諭を3人、それぞれ学年主任や専任に引き上げた。年齢ではない。向き・不向きで決めるのだ。「指導主事になりたい」という先生には、市の発表の場でPRできるよう研究校として手をあげさせた。『小学4年生の世界平和』（ジョン・ハンター著、角川書店、2014年）を読んで感化され、「ワールドピースゲームで平和教育をやりたい」と言う先生のためには、お金を工面して、NPO団体に協力を要請した。

人事については、人の組み合わせと校務分掌で、その人が最も力を発揮しやすい配置を、前年の夏からじっくり考え始める。通勤電車でも、少しでも時間があれば考える。その戦略づくりは何百通りにもなる。

何より大事なのは、一人ひとりが生き生きと、少しのことでもチャレンジできることである。また、何度もチャレンジできるよう、失敗を許せる学校風土をつくることが肝要であろう。

授業観察&面談

普段、先生たちの授業観察になるべく多く行くようにしている。突然、アポなしで、だ。そして生徒たちの隣に座り、自分も生徒になったつもりで授業を受けてみる。すると、さまざまなことが見えてくるものだ。

授業観察の後は、校長室で面談をする。「今回の授業は100点満点中、何点か?」「もう一度同じ授業を行うとしたら、どこをどう変えたいか?」など、コーチングの手法を使って先生たちが自分の授業を振り返れるような質問をすることが大切だ。大人は自分で気づき、自分で口にして言わない限り、「そうだな」と納得しないものである。

ときには人間関係にも介入

ときには、校長室で「ガチンコ」をさせてやるのも校長の仕事だ。衝突した当人同士を呼び、お互い言いたいことを言わせる。しかし、あと腐れなし、が基本だ。

職員室でよく言っているのは、「職場は仲良しクラブではないから、気の合った友だち同志ということは絶対にない。でも、縁があって同じ職場で働くことになったのだから、仕事がうまく運べるようお互いに気を遣ってほしい。仕事上での意見のぶつかり合いは大歓迎。でも、『あの人はあのとき、ああ言った』など、後々に引きずらないようにしてほしい」ということだ。

それを前提に、「コミュニケーションが滞っているな」と思ったら、校長がミツバチ役となってつなぐ。うまくいっていない組織というのは、仕事上でも言いたいことが言えていないことがあるからだ。

ときに、「先生への指導も生徒への指導と同じだな」と思う。大人もそのようなものだ。先生だけでなく、民間企業もそのようなものである。しかし、その人間関係の悪さが職員室のチームワークの悪さとなって現れると、何より子どもに迷惑がかかる。それだけは絶対に避けたい。仲の悪い夫婦の下にいる子どもと同じだからだ。

お互い、言いたいことが言える職場が一番である。

校長に向く人・向かない人

管理職は、子どもとも距離が遠くなるし、地域や保護者との関係も絡んで面倒くさそう……と思われがちだが、先生たちが働きやすくなり、職員室が明るくなるよう組織をつくることは、子どもたちへの教育にとってたいへん重要なことである。

あなたが一教員のとき、「職場に恵まれていないな」「この校長は使えないな」と感じたことはないだろうか。そのときの事をありありと思い出し、何が嫌だったのか？　どうしたらそのときの職場は明るくなったのだろうか？と振り返る。「アホな上司についた部下は、本当に不幸」だからだ。だから、そのときの二の舞はしない。それは、民間企業も学校も変わらない。

管理職に向く人は、「冷徹に物事がとらえられ、そして判断できる人」「物事を俯瞰して見られる人」だと思う。そのうえで、管理職に求められるマネジメントとは、自分以外の人たちとともにチームで成果を出せるということだ。

「自分はそうでないな」と思う人も安心してほしい。そのポジションにつけば、その器になってくるものなのだ。「職員室がどんより暗い」「管理職が使えない」ならば、自分が管理職として殻を破り、生まれ変わって、明るい職員室を目指す——と強く強く思い続けることが大切なのだ。

一つ大きなヒントを言うなら、それは「ユーモア」だ。ユーモアは職場の最大の潤滑油になる。意見が出やすくなり、発想が豊かになる。それが子どもたちにとって最良の教育の場になることにつながるだろう。

3 うつ病を出さない職員室——ストレスとの上手な付き合い方

とにかく明るい職員室を目指す

現代はストレス社会と言われている。精神性ストレスによる病気休暇取得者を出してしまうと、周りはとても大変である。「自分にも原因があったんじゃないか」と思い悩む職員も出てきて、２人目３人目と連鎖することもある。

職場で精神性ストレスによる病気休暇取得者が出ることについては、長年仕事をしている校長であれば誰しも経験があるだろう。１００％すっきり解決することはむずかしいことも、経験上おわかりに違いない。正直、できればやりたくない仕事の一つでもあろう。しかし、逃げてはいけない。それではいっこうによくならないからだ。「うつ病問題、ドーンと来い！」くらいの気持ちで対処したい。

上司である校長は、精神性ストレスによる病気休暇取得者が出たとき、「本人の性格やプライベートが原因」と思いがちだ。しかし、ストレスの90％以上はプライベートではなく、仕事が原因とされている。

それならば、その人に合った仕事の割り振りや、モチベーションアップを図り、なんとか皆が幸せに職場で過ごせるよう対処するのが、上司である校長の仕事である。あなたの一挙一動が、教職員一人の人生を救うかどうかに大きくかかわっているのだ。

ストレスの段階を知る

『北欧の最新研究によるストレスがなくなる働き方』（マリーネ・フレース・アナスン、マリー・キングストン著、フォレスト出版、２０１７年）によると、ストレスと健康はゼロか１００かではない、とのことである。バランスがとれている状態を「常温」とすると、プレッシャーが始まり仕事の質が低下してくる「高温」、プレッシャーが持続し無力感に襲われる「オーバーヒート（過熱）」、プレッシャーが長期化し療養休職に入る「メルトダウン（溶解）」、長期にわたる重度のプレッシャーで認知能力の低下や感情的な落ち込みが否めない「バーンアウト（燃え尽き）」の５つに分かれるという。

できれば燃え尽きないよう、高温や過熱状態のときに食い止めたいものだ。

さて、病気休暇取得者が出てしまったときの対応について、私なりの方法を書かせていただく。しかし、たいへんむずかしい問題であり、私も正解はわからない。

自分自身のストレスと向き合う

まずあなた自身、ストレスとうまく付き合っているだろうか？　あなたの行動や気分が良好で、ポジティブなオーラを発しているとき、職員室の皆の気分がよくなり、よい仕事に直結するという自覚はあるだろうか？　「職員室が暗い、ギスギスしている」なら、あなたから変わる必要がある。

変わり方はさまざまにあるが、まずは職員に声をかけよう。「お疲れさま」「元気？」「お子さんはどう？」「さっきの授業、よく教材研究していたね」「クラスの○○さんは最近どう？」等々だ。職員はあなたから声をかけられるのを待っている。

しかし、しかめっ面で不機嫌な校長だったらどうだろう？　誰もあなたと話したくないだろう。貧乏神校長では、職場は明るくならない。ここは、やはり「ユーモア」である。ユーモアは人を笑顔にする。自分が貧乏神校長だと思うのなら、ユーモアのセンスを磨く本でも読んだほうがよい。

常に見守る

職員一人ひとりの仕事の割り振りを考えるのは校長の仕事である。場合によっては、話し合ってワークシェアリングや負担軽減を実行するべきである。たとえば中川西中学校は、生徒数1千人以上の学校にもかかわらず、副校長は1人しかいない。ただでさえ多忙な副校長の業務をどのようにワークシェアリングするか。

まずは、事務職と副校長と私で話し合う。「事務職にしてもらえると助かる事務仕事は何ですか？」と単刀直入に聞く。結果、銀行への出入金業務や、教育委員会から来る書類の担当者への配付、市からのメールの処理等、いくつかの仕事を事務職に請け負ってもらうことにした。

それから、生徒指導専任、副校長と私で、職員室の職員マネジメントの割り振りをする。副校長は1人しかいないのだから何より倒れられては困るし、ほかの人でも多少できるよう日ごろからワークシェアリングしておくことが望ましいのである。

職員室は「クラス」のようだ。「大人」だが、複雑な人間関係がある。とくに他業界と違い、学校は年功序列の感覚が色濃く残っている。年長者がのさばっていることもあるし、言いたいことを言えない遠慮もある。

まずは人間関係をよく観察しよう。悪い噂は流れていないか、人間関係が悪化して職員室のバランスが崩れていないか、職員一人ひとりが生き生きと仕事に打ち込んでいるか、職員室で子どもの話題がおのずと出ているか、等々である。そして、一人ひとりによく話を聞いてみる。「困ったことはない？」「人間関係で嫌な思いをしていない？」など、気を遣う。

「これは介入したほうがいいな」という場合は、恨まれ役になってでも介入すべきである。職員室のいざこざは直に児童・生徒へ響くからだ。仲の悪い夫婦の下にいる子どもは、大人の顔色ばかりうかがう――そのようなことを児童・生徒にさせてはいけない。

病気休暇取得者が出てしまったら

図らずも精神的なストレスによる病気休暇取得者を出してしまった場合、本人とのコンタクトは絶対に欠かさずとるべきであるが、同時にほかの職員への気遣いも必要である。

横浜市は、児童・生徒向けに「誰もが安心して豊かに生活できる学校」という人権上のスローガンをつくっているが、これは教職員にも同じことが言える。「誰もが安心して豊かに働ける学校」でないといけない。

もちろん、そうは言ってもたまにはサボり屋もいるし、仕事がマンネリ化している職員もいるだろう。それは企業であってもどこの組織であっても同じだ。その場合は喝を入れ、気合いを入れ直すのも校長の仕事である。今の人員という資源に、価値づけや質のバリューアップを図るのが校長の仕事なのだ。

不祥事を出してしまったときの職場対応にも似ているものがあると思う。不祥事は対外的にもキツいが、職場内に気落ちする人も多く出る。自分自身の落ち込みも感じつつ、管理職としては職場の空気を察知し、一人ひとりの気持ちと向き合わなければならない。それぞれが気持ちを吐き出せたら、職場として一致団結。強いものへとよい方向に変容するが、対応を間違えてしまうとさらに悪い状況へ向かってしまうことだろう。

9章 保護者対応

1 モンスターペアレンツ対峙法

保護者対応に苦慮されている学校も多いと思う。中川西中学校着任1～2年目はけっこう大変な対応もあった。しかし、今やほぼゼロ。生徒数1千人を超える学校なので、十人十色どころか千人千色な保護者に対して、どのようにしたら対応に時間をとられず、クリエイティブな校長業に勤しむことができるのだろうか？

私もモンスターペアレンツ——子どものことは感情的になる

「そもそも保護者というものは全員がモンスターペアレンツだ」と思っても過言ではない。私自身、子どもがいるが、やはり我が子のこととなると感情的になってしまう自分がいる。

だから、子どものことでさまざまな要求を学校にしてくるというのは何ら不思議ではない、ということを前提としたい。そのうえで、激高している保護者にどのように寄り添い、そしてこちらの言いたいことをどのようにきちんと伝えることができるだろうか?

クレーム対処法――99%は聞く

民間でもクレーム対応の基本は「99%は向こうの話を聞け」だった。とにかく初めは聞いて聞いて聞きまくるのだ。「おかしい」と思っても、絶対に「それは違う」とは言わない。言ったが最後。火に油を注いでしまう。

イメージとしては、私も5時間に及ぶ保護者対応をしたことがあるが、先方の話を4時間聞いたあと、初めて口を開くのが基本だ。

これはテクニックでもあるが、「なるほど」「そうなんですね」「おっしゃるとおりですね」など、同意の相槌はさまざまあるが、「ん? それは違うだろ」と思ったら、「と、おっしゃいますと?」と聞いてみよう。向こうはさらに説明をしようとするので、何に対して怒っているか、真相が理解できる。「と、おっしゃいますと?」は絶対に使える。試してみてほしい。

99%聞くなかで、先方はいったい何にどう怒っているのか? どのような状況になれば満足なのか?を探っていく。この要点の抽出がないと、「あの人は話がわからない」と言われてしまい、平行線で決裂する。相手が何にどう怒っているか、その要点を代弁できると、「この人は話の分かる信頼できる人」という評価となり、「まあ、いろいろあったけど、こんなに考えてくれたからよしとしよう」と収まる方向に向かうのだ。

親は子どもよりも先に死ぬ

これまで8年間の校長生活のなかで、数多くの保護者対応をしてきたが、保護者とこの考え方を共有したからこそ「わかり合えた」と思ったことがある。それは、当たり前のことであるが「親は子どもよりも先に死ぬ。親である自分が死んだあと、子どもがどんな状況でも対応できるように、ある部分は失敗をさせないといけない」ということだ。どんな親でもこれを聞くと「そうですね」と納得する。

「だからこれ以上、モンスターペアレンツになって、学校に親が乗り込んで来ないで。今はこうやって子どもを守れたとしても、社会人になったらそれもできないでしょう?」と、ここまではっきりとは言えないまでも、学校に乗り込むことで子どもの成長を阻害していることをわかってもらえるのだ。

それと、モンスターペアレンツにまでなってしまうとそうではないかもしれないが、「そんなことは絶対にありませんが、親は子どもを人質にとられていると思って、なかなか不満を言えなかったですよね。まだご不満が小さなときにお話をうかがえていれば、ここまでのお気持ちにならなかったと思うのですが、気がつかず申し訳ありませんでした」という寄り添い型の言葉も、保護者にはずしりと温かく聞こえるようだ。

対応の線を決めておく。弁護士を使う手もある

経営すべてがそうだが、何でもかんでも相手の言うことを聞くわけにはいかない。「ここまでは対応するが、ここからはしない」と決めることも大切である。ある部分は真摯に対応するけど、たとえば先方が明らかに精神疾患にかかっている方であったり、どう考えても論理的におかしな話であったりする場合、「学校でできることはここまでで、これ以上はむずかしい」と伝える。

そのうえで、カウンセラーや医療機関につなげたり、教育委員会に対応してもらう（場合によっては法的手続きをとらざるを得ない）などの連携が必要だ。いつまでも埒のあかない対応をしていたら消耗戦になる。こちらもへとへとになってしまい、クリエイティブな校長職とは程遠くなってしまうからだ。

私は、ときどき友人の弁護士に話を聞いてもらい、どこからが弁護士案件として預けた

ほうがよいのかアドバイスをしてもらっている。スクールロイヤーを採用している自治体もあるし、管理職組合などで弁護士への無料相談を行っている場合もある。弁護士は、事態がこんがらがってしまったあとに利用するのではなく、問題点の整理と今後の対応策、それから自分の頭を整理するために、第三者の意見として利用したい。

弁護士相談を利用するときに注意したいのが、「最もリスクヘッジ（危険回避）したいのは何か？」だ。リスクヘッジの要点は人さまざまであるので、弁護士とて相談者の「意志」がわからないと答えを出せないのだ。

茶話会でざっくばらんに話を聞く――こちらの経営を理解してもらう

中川西中学校では、年に何度かＰＴＡ主催の茶話会を開いてもらい、予約なしで保護者と校長が直接話せる場をつくっている。１００人もの保護者が集まることもある。話題はさまざま。新しい学習指導要領に向けての国の動き、オランダの教育視察旅行の報告、キャリア教育国際会議に出席してみて感じたこと等々だ。

茶話会を開くメリットは、保護者に学校経営を理解してもらえることだ。部活動の大変さ、今の先生たちの状況、子どもたちを取り巻く時代環境などについて理解してもらい、「ともに学校をよくする応援団」となってもらうのが目的だ。

ときどき、「これを言ってやろう！」と気合いを入れてくる人がいる。質疑応答で「ダンス部をつくってほしい」と言ってきた保護者もいた。しかし、茶話会に参加しているほかの保護者が、「新しい部活は無理でしょ。さっきの校長先生の話、聞いていたでしょ？」と代わりに発言してくれる。私はニコニコ笑っているだけである。

「保護者ＶＳ校長で、怖そう……」と思うかもしれないが、やられる前にこちらから相手の陣地に乗り込み、そして懐に入り込んでしまう先手必勝方式のほうがうまくいくのではないだろうか？

保護者とは「対等」の立場

保護者にしても、地域にしても、ボランティアをしてくださっている人にしても、また生徒や教職員にしてもいつも感じることがある。ときどき「私は校長だ」などと権威を振りかざす人がいるが（権威はないのだが）、絶対にやめたほうがよい。保護者と学校は、あくまでも子どもの成長をともに見守り、支援する「対等」な立場なのだ。

また、やたら情報を隠すのも、今の時代にそぐわない。あまり隠さずに正直に話したほうが、親とて社会人なので理解してくださるものだ。大切なのは、対等な立場で「民主的に話し合う」という姿勢ではないだろうか？

【特別寄稿①】

新学習指導要領の理念を体現してこられた8年間

文部科学省初等中等教育局財務課長　**合田哲雄**

平川先生には、中央教育審議会教育課程部会教育課程企画特別部会委員として、今回学習指導要領の改訂にご尽力いただきました。平川先生がいらっしゃらなければ、今回の改訂は実現しませんでした。心からお礼申し上げます。

平川先生の8年間の民間人校長としてのご実践、とりわけ2校目の中川西中学校は生徒数1000人を越える横浜市で最も大きい学校の一つで日々御多忙だったこと存じますが、そのなかでもさまざまな改善に取り組んでこられました。詳しく本書にまとめられている平川先生のご実践は、まさに新学習指導要領の理念を先駆的に具体化してこられたものだと思います。

昨今、学校における管理職のマネジメントが必要不可欠であることは論を俟ちません。

そんななか、まさに平川先生が民間企業マネジメントのご経験を学校経営に生かされていたことは、むしろ公立学校の可能性を明るく示してくださることになりました。

子どもと先生方の「自立」を促す

まず「自立」に注目したいと思います。平川先生は、とくに子どもたちが社会的に自立することに重きを置いておられました。校訓を「自立貢献」とされ、それもただ校訓を変えただけにとどまらず、その浸透と具体化に向けてキャリア教育に代表されるようにさまざまに取り組んでいます。

以前、ある大学の先生から「自立とは、多くの人に適切に依存することだ」とうかがったことがあります。つまり、自立とは単に孤立することではなく、かといって特定の人や物に依存するのでもなく、自分を保ちながら自分の足で立って自分の頭で考えることができる、ということです。

これまでは、学校である程度学んで、卒業したら一つの会社・組織で定年まで勤め上げることが日本人の生き方のゴールでした。このような生き方のなかでは、自立や創造的な思考が必ずしもプラスにはたらくばかりではなかったと思います。

ところが今、社会構造が大きく変化し、また10歳の子どもの半分が１０７歳まで生きる時代を迎えています。個々人が自立し、自分の足で立って自分の頭で考えていくことが求められるのです。

子どもの自立を促していくにあたって、これまで多くの校長先生や先生方を拝見してきたなかで、子どもをやる気にさせる先生に共通しているのは、「この子のここがおもしろい」「この子のこういうところを伸ばしてあげたい」という思いを持っておられるように感じます。

それは、たとえ中学生であっても、固有名詞のあるもの同士、対等な立場として、一人ひとりを大切にするということでもあります。これまでは、組織人として、自分の名前を前面に出す必要はありませんでした。しかしこれからは、自分の名前を前面に出して生きていく時代です。そのなかで、個々の子どもが自立して生きていける基盤づくりとしての教育の本来の価値が求められていると思います。

新学習指導要領は、義務教育がそのような自立した社会人となるための基盤づくりであることを大前提としており、まさに平川先生のご実践は新学習指導要領を先導しておられます。

そしてこれは、大人にも同じことが言えます。子どもたちを自立させようと思うのなら、学校の先生方もまた自立しなければなりません。平川先生の学校経営は、子どものみならず先生方にも自立を促すものでありました。その方針は学校経営全般に行き渡っています。たとえば、学校だよりを通して先生方一人ひとりを紹介しておられます。もちろん、平川先生から見て、個々にはまだまだ力量形成がこれからという先生もいらっしゃるのかもしれませんが、そのなかでも「なぜ教師になったのか?」という志を問い続けながら、先生方のよいところを引き出しておられます。それが先生方の自立につながっていくと感じました。

バッファ（緩衝材）としての校長

社会から学校現場へはさまざまな要請があり、他方、学校現場としては社会にさまざまな支援を求めています。それがそのままぶつかると事はうまく進んでいきませんので、その間にバッファ（緩衝材）が必要となります。

学校教育にとってのバッファは、文部科学省、教育委員会、そして校長先生です。バッファになるとは、ときにあえて泥をかぶったり、悪者になったりすることでもありますが、この3つのバッファの層がうまく機能してこそ、一つひとつの教室で先生方がクリエイティブに授業を行うことができ、子どもたちのクリエイティビティの育成につながると思います。

たとえば文部科学省としては、社会の要請をすべて聞き入れていたら教育課程はパンクしてしまいますから、いろいろ取捨選択をしたり重点化を図ったりして学習指導要領という形にしています。そのうえで、各学校で目の前の子どもに応じた教育課程を編成することができるように、文部科学省、教育委員会、校長先生といったバッファをうまく重ね合わせていかなければなりません。

平川先生は、行政に対してはもちろん、ときに保護者に対しても言うべきことをおっしゃいます。これもバッファとしての重要な働きですが、他方、たとえば「校長は広報である」と、学校だよりで個々の先生方を紹介しておられることも、社会に向けた重要なバッファとしての働きです。

さらに、後で触れるようにキャリア教育では、社会において自分の名前で自ら価値を生み出している人々を学校に招き、生徒と対話させておられます。これはすなわち、社会構造の変化にうまくあわせて、教育課程を組んでおられることにほかなりません。その意味でも、平川先生の校長室は日本で一番厚みのあるバッファだと申せましょう。

フリースクール、キャリア教育

公立中学校のなかにフリースクールをつくるという取り組みは、これまで誰も思いつかなかったもので、私も最初にお話を聞いたときに衝撃を受けたことを覚えています。

明治以来、学校で授業を受けることは誰にとっても自明であり希望でした。しかし成熟社会になって、教室で学ぶことになじめない子ども、苦悩する子どもが現に存在していたにもかかわらず、私たちはいまだに「学校で授業を受けることは自明であり希望」という発想から抜け出せていませんでした。

平川先生は、社会的地位や年収などという尺度ではなく、その子がこれからの人生を生きていくために必要な自己有用感を持たせるために何が必要なのかに気づかれ、そして実現された――この構想力と実行力には感服するばかりです。

また、「教育のゴールは何か」を考えたとき、フリースクールの取り組みとともに、キャリア教育の取り組みも注目されます。地域の方々に学校に入っていただくことはもちろんのこと、たとえば「自分で自分の肩書きをつくっている」人を学校に招くという実践を重ねておられます。まさにこれからの社会構造の変化に対応して、自立し、新しい価値を生み出し、自分の名前で生きておられる方々です。子供たちにとってはこのようなロールモデルとの出会いは得難い経験だと思います。

学校の先生方や私たち行政の人間もそうですが、人は往々にして自分が社会に出た時点で社会構造のあり方についての記憶が止まっています。かつては、自分がしたいことに名前をつけ価値をつけ、それを土台に生きていく、などという発想はありませんでした。

でも、それがこれからの社会で必要なこととして、中学生にこういった方々と積極的に対話させる――まさに平川先生がなさっていることは、未来をつくるクリエイティブな仕事です。学校が、教育課程編成の主体として、目の前の子どもたちに応じてどう教育課程を組み立てていくか――クリエイティブな校長先生が自らのクリエイティビティを最大限発揮できる主戦場です。

平川先生は、横浜市立中川西中学校の校長として、新しい学校経営像を創造なさってこられました。このことに心から感謝申し上げるとともに、これから全国の校長先生方もご自身の学校においてクリエイティブに学校経営に取り組んでいただくことを願ってやみません。

【特別寄稿②】グローバル市民を育てるグローバル・コンピテンスを持つ校長、教育長として

オランダ在住教育・社会研究家　リヒテルズ直子

大きくなる校長先生の存在

学校が、グローバル市民の育成に成功するかどうかは、校長先生のあり方に大きくかかっていると思っています。

イエナプランでは、学校を、子どもを中心に保護者と教員がともにつくる共同体と考えてきました。この考え方は、オランダでは、今や、すでに広く一般の学校で共有されており、校長先生は、その学校の教職員チームのチームリーダーとして仕事をしています。教室の子どもたちが、主体的で自由に行動できるグローバル市民として成長できるためには、担任の先生が、そうした生徒たちを見守ることができなくてはなりません。しかし、先生がそうできるためには、校長先生によって信頼され、ゆとりを持って見守られている存在

でなければならないのです。

このことは、実は、校長先生と教育委員会の関係にも言えます。教育委員会は、元来、自治体住民の意思に基づく教育方針を立て、各学校の校長先生は、その教育委員会の概要的な教育方針に基づきつつ自らの学校の独自の教育ビジョンに基づいて学校を、すべての子どもたちの育ちを保障する専門職チームとして運営することを役割として負うべきなのです

教育機会確保法が成立しましたが、今後そのおかげで、フリースクールなど、独自の教育ビジョンを持つ多様な機関が子どもたちを受け入れるようになるでしょう。そうしたなかで、公立学校も、自らの教育ビジョンを明確にして子どもたちの発達を保障することが、今まで以上に求められるようになるでしょう。

これまで日本の校長先生は、教育委員会に「管理」され、自らも教員たちを「管理する」存在であることが強く意識されてきました。そのために、学校の教員からは距離をおき、チームリーダーとしての役割をほとんど意識してこなかったのではないかと思います。そういうところに平川先生が公立中学の校長として登場され、まさにチームリーダーとしての学校マネジメントを実現されたわけです。日本の学校教育にとって、この意義は大きかったと思います。

平川先生は、校長として、学校外に対しては、教員を無意味に縛る種々の規則に異議を申し立てつつ、学校にヒト・モノ・カネなどの資源をもたらされました。他方、学校内部では、先生方が安心して学校教育活動を行える環境を整えてこられたと思います。「自分が責任をとるから」「失敗してもいいから」と先生方が新しいチャレンジに挑めるようにしてこられました。こういう校長先生の態度が、先生方の創造力や建設的な工夫につながるのです。

また平川先生は、先生の個別の意欲の向上や力量形成を刺激するだけではなく、先生方がともにチームを組んで補い合う関係づくりにも働きかけておられます。このような校長先生の役割は、「教育の自由」が保障されているオランダの学校では、ごく当たり前のことなのですが、日本では、これまであまり見られませんでした。

日本の学校が縛られていること

OECDは、PISA2018で「世界で生きるためのグローバル・コンピテンス」として「自分の身の回りの出来事を世界的な観点から見る力」「自分とは異なる立場に立ってものを考える力」「自分の思考を、自分とは異なる多様な受け手に伝える力」「自らのアイデアを現場で実践する力」を掲げています。

いずれも、日本の学校ではほとんど授業として意識して展開されてこなかった力ばかりではないでしょうか。なかでも、日本の学校教育に最も欠けているのは、子どもたちが、ホンモノを対象として、ホンモノの問題解決に取り組む機会です。

その背景には、校長先生が「管理する」ことに徹し、教員たちを「教科書しか使ってはいけない」「年間授業時数をこなさなければならない」といった規則で縛らざるを得なかったことにあるのではないかと思っています。

総合的な学習の時間でも、先生方の多くは、限られた時間で取り扱えるものであることが先に立ち、はじめから答えが分かっているテーマしか取り扱おうとしません。しかし、今の時代に必要なのは、大人も子どもも、学び続ける姿勢、何かの知識を詰め込むことではなく、未知の問題に挑み、問いかけ、探究する力なのです。

ＯＥＣＤの報告書では、先生方自身がグローバル市民としての能力を持つことを求めています。先生方自身が、生徒たちの模範として、自分の身の回りの出来事を世界規模で意味づけ、世界の問題に責任をもってかかわる態度と、そのために学び続ける態度を持っていなければならないとしているのです。

平川先生は、ご自身が、こうしたグローバル市民としての能力をお持ちで、そのような方が、校長先生を支える教育長の立場に就かれることに、私は大きな希望を抱いています。

グローバル人材育成のために

グローバル市民とは、異文化・異宗教にかかわらず、互いを受け入れ合い、世界規模で社会に関与する人材のことです。そうした人材を育てる教育者に必要なのは、まず何よりも上意下達の態度を放棄することなのではないでしょうか。立場が上の人の言うことには無条件に従うという風土が、これまでの日本の学校教育にも大きな影響を及ぼしてきました。

しかし、環境破壊が急速に進み、人口が急増している世界のなかで、私たちが持たなければならないグローバル市民としての責任とは、強いもの、上のもの、長いものに対しても屈することなく、自らの言葉で発言し行動する態度から生まれるものです。

これまで、日本の学校は、秩序を守るという名目のもと、教員を権威的にし、子どもたちが従順であることを「よし」としてきました。しかし、グローバル市民とは、自らの頭で批判的に思考し、自らの得意・不得意を知り、他者の得意・不得意を受け入れ、よりよい社会のために互いの力を出し合って協働する人間のことです。これからの時代、子どもたちは、こうした力を学校で身につける練習をしておかなければならないのです。

学習指導要領をよく見てみると、文部科学省は、実は、それほど学校現場を縛ってはおらず、現場の先生方が裁量で判断し選択するゆとりを認めています。むしろ問題は、長く「管理すること」が役割だと思ってきた教育委員会の慣習にあります。教育委員会は、本来は、地域住民の意思を代表し、その地域に特有な教育のビジョンをつくり、校長や学校を守るためにあるはずのものです。

まず、自治体が始める

この100年ほどの間に、電話も自動車もコンピュータも、身の回りのありとあらゆるものが大きく変容しました。それなのに、なぜか学校だけが、100年前からほとんど変わっていません。今の時代を生きている子どもたちにとって、百年一日でいっこうに変わらない学校は、意味のないつまらない場所になってしまっているのではないでしょうか。

しかし、日本の学校を根本的に変えるのは、国ではなく、市民の力です。日本は、地方ごとに文化の異なる多様性のある国です。お互いの顔が見え手が届く自治体レベルで、それぞれの地方にふさわしい教育ビジョンを打ち立て、新しい学校のあり方を創造していくうちに、日本国内の各地で多様な学校教育のあり方が生まれ、やがて、日本全体が、新しいさまざまな学校教育のビジョンを包括した躍動的なものに変わっていく——そうした未来が目の前に近づいてきていることを感じています。

これから、教育長として広島県の学校教育にかかわっていかれる平川先生には、思い切り新しい時代の学校づくりに取り組んでいただきたいと、心から期待しています。

あとがきにかえて

どえらいことになってしまった。

あと1ヵ月足らずで過ごし慣れた横浜を離れ、広島県の教育長になる。

「地方教育行政の組織及び運営に関する法律」によると、教育長の資質について「人格が高潔」と書かれている。私は高潔と言えるだろうか。

8年間の民間人校長期間、横浜市教育委員会の皆さんにはたいへんお世話になった。個別論的にはそのお一人ひとりの顔を思い浮かべると申し訳ないが、総論として「教育委員会組織は本当に必要なんだろうか?」と、ずっと疑問に思ってきた。フィンランドはじめ教育先進国ではすでに教育委員会という組織がないからだ。それぞれの学校が自主的・自律的に、またコミュニティ・スクールの進化型のような形で、本音ベースで民主的に話し合い、運営しているからだ。「要るんだろうか」と思っている組織の長になるなんて！ありえない。はじめはそう思った。

しかし、教育長に挑戦しようと思ったのは、「教育委員会がなくなり、各学校が自主的・自律的な組織になるのが理想だろう。しかし今すぐ、というのは無理がある。ならば、その間をつなごう。今の教育委員会を再定義し、価値づけしていくことも必要かもしれない」という考えからだ。中川西中学校でも、「私たち公立中学校の教職員とはいったい何か?」と根本的な存在意義を教職員皆で一緒に考え、そして実践していった。広島県教育委員会や広島県の学校の皆さんとも、子どもたちのために「学校は何のためにあるのか?」「教育委員会は誰のためにあるのか?」という本質的なことを皆で議論しながら考えていきたいと考えている。

知事の湯﨑英彦さんは、もともと知り合いではなかった。ある方の紹介とは言え、会って5分ほどで「広島県の教育長になってほしい」と言われたときは度肝を抜かれたが、「この方は本気で教育を変えたいと思っていらっしゃる」と、ピンと直感が働いた。

その後、広島県に一人で行ってみる。広島空港からレンタカーを借り、大崎上島にフェリーで渡り、瀬戸内海の島々をドライブしながら美しさに感嘆し、中山間部ののどかな雰囲気に「日本人に生まれてよかった」としみじみ里山の空気に心が奪われ、そして8年間修学旅行の引率で毎年訪問していた広島市で改めて「ここに住むんだ」と決意した。

まずは、日本中の組織でほぼ100%はびこる上意下達の部分を変えたい。幸い、現広島県教育委員会は風通しがよさそうだ(たぶん……)。

上意下達の何がいけないかと言うと、「為政者の言うこと、上司の言うことさえ聞いていればいい」という考え方が染みつくからだ。それでは個々が、思考停止状態と言える。日本では、すぐに上の人が首をすげ替えて辞任すればいいという感じだが、そんなことで状況はよくなるわけがないのだ。

また、新しい学習指導要領は「主体的・対話的で深い学び」を標榜しているが、先生たちが「主体的」にならなければ、児童・生徒に「主体的になれ」とは言えないのである。校長が「教育委員会の言うことさえ聞いていればいい」と思えば、先生も「校長の言うことさえ聞いていえばいい」と思うだろうし、児童・生徒も「先生の言うことさえ聞いていれば、怒られることはないしそれでいい」と、どんどんクリティカル（多面的・多様な見方）な意見を持てない子どもが増産されていくのだ。そんなことでは、子どもたちは21世紀を生き抜いてはいけないだろう。

２０１７年度から『教職研修』で連載「『クリエイティブ校長』実践記」を書かせていただき、連載当初から「1年くらいで本にまとめてほしい」というお話であった。しかし、結果として、これまでの校長という仕事の自分自身の振り返りになろうとは……！　思いもよらなかった。

教育長の任期が終わったら、またぜひ校長に戻りたい。校長は、それくらいおもしろく、やりがいのある仕事であると思う。

最後になりましたが、たいへんお世話になった中川西中学校と市ヶ尾中学校の生徒・教職員・保護者・地域の皆様と、横浜市の皆様方には心の底からお礼を申し上げたい。民間人校長でこの世界のことを何も知らなかった私をあたたかく受け入れていただいて、本当にありがとうございました。

横浜の名に恥じないよう、広島でもどんな艱難辛苦があろうとも、がんばります！

平川　理恵

2018年3月吉日

《参考文献》

『ティール組織　マネジメントの常識を覆す次世代型組織の出現』フレデリック・ラルー著／鈴木立哉訳、英治出版、2018年。

『イエナプラン教育ってなに？』（Kindle版）フレーク・フェルトハウズ、ヒュバート・ウィンタース著／リヒテルズ直子訳、ほんの木、2017年。

『イエナプラン教育をやってみよう！』（Kindle版）フレーク・フェルトハウズ、ヒュバート・ウィンタース著／リヒテルズ直子訳、ほんの木、2017年。

『イエナプラン教育と共に歩む』（Kindle版）フレーク・フェルトハウズ、ヒュバート・ウィンタース著／リヒテルズ直子訳、ほんの木、2017年。

『LIFE SHIFT』リンダ・グラットン著、アンドリュー・スコット著／池村千秋訳、東洋経済新報社、2016年。

『もし高校野球の女子マネージャーがドラッカーの「マネジメント」を読んだら』岩崎夏海著、ダイヤモンド社、2009年。

『キー・コンピテンシー　国際標準の学力をめざして』ドミニク・S・ライチェン、ローラ・H・サルガニク著／立田慶裕監訳、明石書店、2006年。

『世界で生きるチカラ　国際バカロレアが子どもたちを強くする』坪谷ニュウエル郁子著、ダイヤモンド社、2014年。

《参考文献》

『中等教育資料』２０１７年1月号、学事出版。

『学習する組織　システム思考で未来を想像する』ピーター・Ｍ・センゲ著／枝廣淳子、小田理一郎、中小路佳代子訳、英治出版、２０１１年。

『人生に奇跡を起こすノート術　マインド・マップ放射思考』トニー・ブザン著／田中孝顕訳、きこ書房、２０００年。

『読書力アップ！　学校図書館のつくり方』赤木かん子著、光村図書出版、２０１０年。

『本を読む本』Ｊ・モーティマー・アドラー、Ｖ・チャールズ・ドーレン著／外山滋比古、槇未知子訳、講談社、１９９７年。

『パラノイアだけが生き残る　時代の転換点をきみはどう見極め、乗り切るのか』アンドリュー・Ｓ・グローブ著／佐々木かをり訳、日経ＢＰ社、２０１７年。

『フリースクールが「教育」を変える』奥地圭子著、東京シューレ出版、２０１５年。

『生産性　マッキンゼーが組織と人材に求め続けるもの』伊賀泰代著、ダイヤモンド社、２０１６年。

『新・生産性立国論』デービッド・アトキンソン著、東洋経済新報社、２０１８年。

『労働時間革命　残業削減で業績向上！その仕組みが分かる』小室淑恵著、毎日新聞出版、２０１６年。

『北欧の最新研究によるストレスがなくなる働き方』マリーネ・フリース・アナスン、マリー・キングストン著、フォレスト出版、２０１７年。

『マッキンゼーが予測する未来　近未来のビジネスは、４つの力に支配されている』リチャード・ドッブス、ジェームズ・マニーカ、ジョナサン・ウーツェル著／吉良直人訳、ダイヤモンド社、２０１７年。

『非営利組織の経営　原理と実践』Ｐ・Ｆ・ドラッカー著／上田惇生、田代正美訳、ダイヤモンド社、１９９１年。

『やり抜く力　ＧＲＩＴ　人生のあらゆる成功を決める「究極の能力」を身につける』アンジェラ・ダックワース著／神崎朗子訳、ダイヤモンド社、２０１６年。

『自由からの逃走』エーリッヒ・フロム著／日高六郎訳、東京創元社、１９５２年。

『タイプ論』Ｃ・Ｇ・ユング著／林道義訳、みすず書房、１９８７年。

『崩壊するアメリカの公教育　日本への警告』鈴木大裕著、岩波書店、２０１６年。

『私とは何か　「個人」から「分人」へ』平野啓一郎著、講談社、２０１２年。

『清く美しい流れ　日本人の生き方を取り戻す』（Kindle版）田口佳史著、ＰＨＰ研究所、２００７年。

『修身教授録』森信三著、致知出版社、１９８３年。

〈著者紹介〉
平川理恵（ひらかわ・りえ）
1991年にリクルート入社。1999年に留学仲介会社を起業し10年間経営。2010年に公募で女性初の公立中学校民間人校長として横浜市立市ヶ尾中学校に着任。2015年に横浜市立中川西中学校長に着任。その間、中央教育審議会教育課程企画特別部会委員として新学習指導要領改訂作業に携わる。2018年4月より広島県教育委員会教育長に就任。

クリエイティブな校長になろう
――新学習指導要領を実現する校長のマネジメント

2018年3月30日　初版第1刷発行
2018年6月 1 日　初版第2刷発行
2019年1月 1 日　初版第3刷発行
2020年3月 1 日　初版第4刷発行
2021年4月 1 日　初版第5刷発行

著　者　　平川理恵
発行者　　福山孝弘
編集担当　岡本淳之
発行所　　株式会社教育開発研究所
〒113-0033 東京都文京区本郷 2-15-13
電話 03-3815-7041
FAX03-3816-2488
URL　http://www.kyouiku-kaihatu.co.jp/

装幀デザイン　竹内雄二
印刷・製本　中央精版印刷株式会社

ISBN 978-4-87380-497-2